在鲁迅的那个时代

网易博客 出品
姚文广　康　狄 主编

人民东方出版传媒
東方出版社

CONTENTS
目　录

交往雷抒雁　白　描　/40

他是一位战斗的歌者，他歌唱战歌，歌唱颂歌，歌声里充满激情，每首诗都有他的发现，他的视角。特别是他的那些颂歌，与任何政治抒情诗人都不一样，绝不粉饰矫情，饱含思想锋芒。

丰子恺："艺术"的逃难　陈　远　/69

谁愿意背井离乡？可是石门镇不能再住了。"爸爸又懂日文，如果留下来，不堪设想，他宁可带我们去在自己的国土上流浪，也不愿当亡国奴。"

刘文典："狂"名满天下　王开林　/85

诚然，狂傲者若无充足的底气，最多也只能浪得虚名，但沦为笑柄的可能性更大。狂傲者若有真才实学，他发作起来，别人未必舒服，但也只能忍气吞声。

罗家伦及其《新潮》　范　泓　/100

在这些从政学人行为的背后，不管动机或理想如何，若不侈谈时代因素，这里面无不隐含个人经历的潜移默化和深刻影响，这不仅是逻辑上的一种推断，而是对其诸多人生细节解读之后，获得的一个印象。

下篇　文人风骨

绝地反击，是清朝起死回生、反败为胜的关键，那些高呼“国家二百年养士之报”，冒锋镝舍性命，与“反贼”作生死之搏的举人、秀才和童生们，堪称维系清朝帝系不绝的根本。

林语堂与鲁迅的意气之争　朴　素　/161

鲁迅先生是每个中国人都知道的人，但他并不为任何时代的人们所接受。无论褒贬，大多是在借先生的尸骨来谋取某种利益。而鲁迅先生在各种话语的包装与打扮下，其本来面目还在否？这是大可值得怀疑的。

辜鸿铭离开北大之谜　张耀杰　/169

在黄兴涛看来，除了“激于‘大义’与‘私愤’的双重冲动”之外，罗家伦“上书”校方的另外一个因素，是两名教授之间的同行“竞争”：“在北大英文门内，胡适与辜鸿铭不仅是思想上的对头，也是教学上的竞争对手。

鲁迅哪里“多妻”了？　邓遂夫　/176

鲁迅是国人中少见的硬骨头、纯爷们儿。不管面对何方神圣，他都绝对是一个男人。当今之世，像鲁迅那样硬气而又睿智的人，不是太多，而是太少太少太少！所以，继续让孩子们从小读他的作品，很有必要。

序

曾几何时，历史只是教科书上刻板的注释，是词条和纪年，是考试知识点和必背段落，唯独不见鲜活的人物与趣致的事件。

作为一门功课的历史让人不忍卒读。

进入21世纪，民间兴起了一股读史的热潮，一夜之间，人人都对历史产生了兴趣。

人们似乎重新发现了历史，在历史教材寥寥数言的记载下，是无数我们从未接触过的历史片段，专业的史学家和业余的史学爱好者们，将这些片段拼接成图，我们由此得窥一些重大历史事件的蛛丝马迹，由果及因，如同阅读一部气势恢弘的推理小说。

回望前尘，我们惊讶地发现以史为鉴是多么深刻的至理名言，时光荏苒，历史的脉络永远清晰可辨，它警醒着我们，也鞭策着我们。

“回不去的年代”就是一幅中国从晚清到民国历史的拼图，三千年未有之大变局，宣告了古代中国走向尽头，现代中国迎来了开端，在短暂的的百年光阴里，中国命运之跌宕，格局之奇诡，登场人物之纷纭，三千年来从未有也。

此段历史无论如何描摹，都始终令人有意犹未尽之感，事件只要换一视角，清晰处便又告模糊，不解处亦豁然开朗，但这亦是历史引人入胜的所在。

网易博客作为民间记录的载体，幸运地拥有国内最顶尖的史学作者，他们多年来笔耕不倦，孜孜以求，这套丛书的诞生与他们的辛勤劳作息息相关。

在此向他们表示衷心的感谢与敬意。

是为序。

网易博客

上篇

寂寞先知

“我是19世纪之子”

——王元化先生的最后20年

许纪霖

2008年5月9日22时40分，在上海瑞金医院的病房，元化先生静静地走了。三天以后，天崩地裂，神州哭泣，为无数死难的生命。先生晚年挣扎于痛苦之中，没有看到身后的巨大噩耗，可谓不幸之幸。遗体告别仪式上，先生静卧于鲜花丛中，神态依然是那样的从容，我很难相信先生已经去了，再也不回头了。想来不由地悲从心头涌出，无法自已。

余生也晚，认识先生的时候，他已步入晚年。20年岁月，世纪相交，风雨如晦。我有幸近距离见证了他生命中最后的岁月。先生在世之时，评点江山，坐而论道，感觉他是再平常不过的人。一旦先生远去，熟悉的身影消失在苍茫的地平线，骤然感觉心中塌了一大块，个中残缺，再也无法弥合。这种崩塌，不仅属于个人，也属于整个中国文化。

在这些令人悲哀的日子里，我重新阅读先生的遗作，试图将平日那些零碎的记忆整理出一个大致的脉络，以还原先生晚年的思想、精神与意境。

先生离去的时候，身上披盖着锤子镰刀的中共党旗。他 18 岁加入共产党，那是烽火连天的 1938 年，还是在充满血腥的上海沦陷区。先生与李慎之先生一样，都是在“一二·九”运动中，怀着一腔救国热忱卷入革命，属于“老派共产党人”。所谓“老派”，是李先生的自称。一些“新派”共产党员，为利禄而投党，党只是他们升官发财的工具；老派共产党人，一生恨爱，统统融化于间，他们对党之荣辱、理想之执著，难以为后人所理喻。

先生不仅“老派”，有滚烫的理想，而且有独立的意志和理论的思考。新中国成立前的中共队伍，基本由知识分子与农民阶级组成。知识分子入党，在党的历史上有过两次高潮：一次是 20 世纪 20 年代建党之初，那些创党领袖，个个是知识中人，乃至名流精英。第二次是 20 世纪 30 年代的“一二·九”运动，为救国激情裹挟的青年知识分子，纷纷投身革命。先生从属的中共地下党江苏文委，是一个特殊的知识分子群体。看看群龙之首吧：文委书记孙冶方，副书记顾准，有理论，有思考，皆是领先时代的党内大知识分子。先生是幸运的，一加入革命，便在这样一个充满理论修养的氛围中熏陶成长。江苏文委，对于年轻的他无异于一所大学，塑造了他一生的人格。先生诚然是共产党员，但在他看来，自己首先是一个知识分子，是具有知识分子气质的共产党人。他在晚年写给李锐的一封私人通信中感叹：“入党已逾半世纪，自愧未尽一个知识分子的使命和责任。在今风雨飘摇世势中，没有做出自励励人的工作，以至每当梦回之际，难以入寐。”①

年轻时候的先生，有一种英雄情结，喜欢读尼采、鲁迅、罗曼·罗兰的著作，他相信，这个肮脏的世界要由具有超强意志力的摩罗斗士来拯救。当年他喜欢的人物是鲁迅，从沦陷的北平出逃，什么东西也来不及带，唯独藏着一幅自描的鲁迅小像，那是他心中的偶像。他最喜欢读的书是罗曼·罗兰的《约翰·克利斯朵夫》，倾倒之至，觉得这位理想主义者的言行举止都代表了批评的正义和艺术的真理。先生青年的时候文章就写得很好，书生意气，挥斥方遒，在党内小有名气。他少年得志，恃才而骄，解放初期的同事、夏衍的秘书李子云这样形容他：有一股凌人的盛气，很飙。②

佼佼者易折。1955年的一场反胡风运动，将先生卷进旋涡。两年多的隔离审查，到处是冷漠的眼光和严厉的呵斥。他后来回忆说：“我的内心发生了大震荡，过去长期养成的被我信奉为美好以至神圣的东

① 王元化：《清园书简》，湖北教育出版社2003年版，第153页。

② 李子云：“我所认识的王元化”，载《天涯》杂志2000年第7期。

西，转瞬之间被轰毁了。”① 在隔离审查期间，他读了很多书，不再是英雄列传，而是哲学名著，从毛泽东、列宁到马克思、黑格尔，逐一回溯，返归原典。人生的挫败与哲人的智慧，让他变得沉思，从一个激进的文学青年蜕变为具有深邃反思力的思想者。

先生一生中有几次大的反思，我认为最重要的是20世纪50年代中期和90年代初那两次，都逢共和国风云突变，先生的内心信念遭受重创，生活与现实暂时隔离，在孤独的环境里面舔伤自疗，冷静检视曾经信奉过的神圣信念是否经得起理性的反思。50年代的中国，教条主义盛行，先生在囚禁之中，逐字苦读黑格尔的《小逻辑》，终于抓住了教条主义的认识论根源所在：在所谓的从感性认识到理性认识之中，还有一个知性认识的阶段，即对事物的抽象概括。一旦将知性绝对化，取代辩证的理性认识，便会陷入僵化的教条主义，比如，只承认人的阶级性而否认一般的人性和丰富多样的个性，只谈事物的普遍性而忽视各自的差异性。这些来自德国古典哲学的反思，在当时无疑是异端邪说，一直到80年代初思想解放运动，方有条件公诸于世。1982年，他与王若水等一起，为周扬起草了纪念马克思逝世100周年大会上的讲话——《关于马克思主义的几个理论问题的探讨》，这篇后来被“清污”了的思想解放运动的纲领性文件，不仅重新阐发了马克思的异化

① 王元化：“记我的三次反思历程”，转引自王元化：《清园近作集》，文汇出版社2004年版，第13页。

理论，也写进了先生对知性问题的思考。在80年代的思想解放运动和新启蒙运动当中，先生作为思想界的领袖，都走在时代的前列。不过，80年代的他，思想反思还不算彻底，还残存不少习以为常的流行观念。

20世纪90年代初是先生一生中最重要的转折点。那段时间，原本热闹非凡的客厅静寞了许多。先生远走南国，在珠海白藤湖畔隐居了一段时间。那段日子里，先生在给我的信中描绘了他的心境：“我在此与外界隔绝，如居世外。我还是童年时享受过这种宁静。住处前有一小庭园，铺着草地，种着花木，在风和日丽之际，坐在草地上，仰望上空，白云苍狗，使人的心也去掉了浮嚣，变得宁静起来。”

经历了刻骨铭心的时代创伤，先生痛定思痛，开始了一生中最重要的反思。后来，他经常这样自白：“我在青年时期就开始写作了，但直到90年代，才可以说真正进入了思想境界。……90年代是我的反思时代，直到这时我才对于自己长期积累的思想观念，作了比较彻底的全面检讨。”① 先生晚年发表的著述，偏爱用“思”与“反思”二词。有些人不愿反思，相信自己永远正确。他的一位学界同辈，一听到他提反思，立即神经绷紧，正色答曰：“我有什么要反思的？没有，我没有反思。”但先生将反思视为知识分子的忧患意识，视为自己的生命本性。② 诚如林同奇先生所言，反思对于他而言，不仅是一种思考方式，

① 王元化：《九十年代日记》，浙江人民出版社2001年版，第528页。
② 王元化：《九十年代日记》，浙江人民出版社2001年版，第78页。

还是一种生活的方式。这种方式未必不是痛苦的，因为反思的对象，不是别人，正是曾经自以为是的自己。

先生对“五四”充满了感情，他曾经说过：我是“五四”的儿子。作为后“五四”一代知识分子，他喝着“五四”的乳汁长大，在其思想和人格深处，充溢着启蒙的精神。不过，在90年代之前，他并未意识到，“五四”启蒙思想之中还隐藏着一些负面的因素。当80年代末海外学人对“五四”反思的声音传回大陆，他还慷慨激昂地写过一篇《论传统与反传统——为五四精神一辩》。白藤湖畔的孤独沉思，令他对20世纪激进主义造成的时代悲剧产生了警觉，并苦苦寻求其历史上的思想渊源。从南国回来不久，我受命请先生为《杜亚泉文选》写序。不久，他给我打来电话：“小许，那个杜亚泉不得了啊！我们今天正在思考的问题，他那个时候都想到了。”1993年的夏天，沪上酷热，先生打着赤膊，逐字细读杜亚泉与“五四”时期的思想文献。3个月以后，先生拿出了轰动海内外的长篇论文：《杜亚泉与东西文化问题论战》。

这篇文章，拉开了先生20世纪90年代反思的序幕。他发现，20世纪激进主义的思想根源，最早来自清末民初的无政府主义，而到“五四”则潜伏于启蒙思想之中。从“五四”时期东西文化论战中的陈独秀身上，他发现了一种“唯我正确”的独断论性格。过去先生是那样热烈地守护“五四”、捍卫启蒙，如今他觉得启蒙心态中一些负面的观念需要反思，那就是庸俗进化论、激进主义、功利主义和意图伦理。[①] 作为“五四”的儿子，先生又受到黑格尔思想的深刻影响。先生原来坚信人的理性可以达到全知全能。人们按照理性的指引，可以打碎一个旧世界，建立一个理想的新世界。然而20世纪的人类和中国的悲剧却无情地证明了：理性，多少罪恶假汝之名实行！先生幡然醒悟：“理性精神和人的力量，曾经使人类走出了黑暗的中世纪，但是一旦把它神化，又自以为掌握了终极真理的时候，它就会以真理的名义，将反对自己和与自己有分歧的人，当作异端，不是去加以改造，就是把他消灭掉。”[②] 他曾经是那样地服膺黑格尔，然而到了90年代，先生从事的反思工作之一，就是自我清理黑格尔思想中绝对主义和独断论的毒素。与此同时，他又花费大量的精力，苦读卢梭的《社会契约论》，反思卢梭的公意说与极权主义思潮的内在联系。

先生多次提到，只有到了20世纪90年代，自己才真正“悟道”，他的反思工作才刚刚开始，有太多的研究要做。他的一生波澜起伏，亲身经历过多次重大事件，是历史的重要见证人。我好几次劝他写回忆录。他给我回信说：“我自省不行，但老了，僵化了，也还是得学，要学。苟一息尚存，此心不死。目前我仍在写些杂七杂八的东西。回

① 王元化：“对‘五四’的思考”，转引自王元化：《九十年代反思录》，上海古籍出版社2000年版，第127页。

② 王元化：“人文精神与二十一世纪的对话”，转引自王元化：《清园近作集》，文汇出版社2004年版，第8页。

忆录尚未考虑。估计手中还有些杂七杂八的文章要写。你们也许责我舍本逐末，但每人有每人想法。我也知这些文字没什么大价值，但我从不存文章名世之心，我也不想用文章为自己换取什么（甚至别人的尊重）。虫鸣鸟叫都是发乎不得不然耳。自问我所要写的既非纯学术，更非以学术议政。但也不是为好玩，自遣，或标榜什么自然主义。我始终相信知识是力量的箴言。”先生过谦了，他信上所提的那些“杂七杂八的东西”，正是1993年以后陆续发表的重要反思文章。

可惜的是，先生的“悟道”有点晚了！20世纪90年代以后，他的精力大不如前，写一篇文章，常常要耗费太多的心力体力。特别是过了80岁生日，身体更是每况愈下，经常住院，各种疾病和痛苦折磨着他。虽然思路还是那样敏锐，记忆还是那样清晰，思考还是那样深邃，但日益衰老的身躯拖累了他。先生再也无法写出大块的文章，只能通过随笔、访谈、口述的方式表达自己的最新思索。他又是一个完美主义者，每段文字都要逐字推敲、反复斟酌，寻找最恰当、最完美的表达，近乎达到苛刻的程度。他的晚年，文字不多，但字字珠玑，凝聚着全部心血。

晚年的先生，心境常怀苦痛。身体的痛苦尚在其次，真正折磨他的，是精神上的忧患。他在给自己的学生的信上说：“记得鲁迅晚年曾给一位青年写信说‘人生实在痛苦’，诚哉斯言。”[1] 先生的苦痛，源

---

① 王元化：“王元化致吴琦幸”，转引自王元化：《清园书简》，湖北教育出版社2003年版，第117页。

于中国士大夫的忧患意识。他曾经是一位充满乌托邦幻想的理想主义者，相信历史进化论，相信文明总是在进步，自认是过渡一代的人物，将全部的希望寄托在青年一代身上。然而在生命的最后 20 年，他在理性上看破了历史进化的神话，也不再轻信各种主义的乌托邦。先生目睹 90 年代以后中国发生的巨变，一则欣喜，二则心忧。晚年，他看到的世界不再是他所期望的世界，现实变得格外功利、支离和媚俗，这世界不再令人着迷。

以我近距离的感受，先生晚年最忧虑的，谈得最多的，莫过于三件事：思想与学术的分离、知识界的党派林立与人类古老文明的衰落。

思想与学术的分离，乃 20 世纪 90 年代以后的学界景象。这个问题在 80 年代并不存在，新启蒙运动之中，思想与学术混沌一片，互为镶嵌，只要读读当年的《读书》，便可体会。80 年代的新启蒙，既是一场理性运动，又是一场狂飙运动。比较起理性，激情还更占上风。若从中国历史的学术脉络梳理，80 年代是又一个宋学时代，各路人马放言义理，高谈阔论，充满了传统士大夫的淑世情怀。虽然“尊德性”（理想主义）与“道问学”（知识主义）并重，但“尊德性”在“道问学”之上。90 年代以后，学界形势巨变，一部分启蒙者从广场退回学院，以考据取代义理，“道问学”压倒“尊德性”，知识主义替代理想主义，又进一步蜕变为文献主义。清学时代到来了，遂有“思想家淡出，学问家凸出”的说法。但重大义理问题并未解决，反而以更尖锐的方式表现出来。义理与考据分裂，思想与学术二分，汉宋之争不绝于耳。一方面，借助国家体制和专业化力量，清学大兴；另一方面，80 年代形成的启蒙阵营也内部分化。季羡林与李慎之，这两位德高望重的学界大儒，可谓“道问学”与“尊德性”两歧路向的精神象征。季羡林作为一代国学大师，公认的清学代表，为学术而学术，为求知而求知，成为当今博学鸿儒们的为学楷模。李慎之继承“五四”狂飙传统，深感 90 年代士林人格萎靡，失去批判激情。为鼓舞士气，指点方向，撑起自由主义的意识形态大旗，他以一己之道德实践，试图身体力行，杀出一条通向理想世界的血路。

面对考据与义理的二分格局，元化先生颇为忧虑。汉宋相争，先生居中，就学术风格而言，他偏向“道问学”；若从精神关怀来说，他又具有“尊德性”的气质。先生深知，思想与学术，合者两美，分则俱伤。缺少思想关怀的学术，无异于工匠手下的雕虫小技；而匮乏学理基础的思想，又会流为游谈无根的概念口号。几经思虑，先生提出了“有学术的思想与有思想的学术”的主张。晚年的他，最为敬佩两位学界前辈。一位是顾准，充满知识学理的理论大家，无愧“有学术的思想”之楷模；另一位是陈寅恪，大学问背后有穿破时代的深邃关怀，堪称“有思想的学术”之典范。思想与学术合而为一，可谓学人的最高境界。先生本人身体力行，知识学养文史哲贯通，义理、考据、辞章，无不具有一流成就。学术界有“南王（元化）北钱（钟书）”

美誉，思想界也有“南王（元化）北李（慎之）”之称，这两种说法虽然不为先生所接受，却证明了其学思双修的最高境界。

在这个清学的时代里面，先生究竟代表什么样的形象？李慎之可谓阳明学后裔，季羡林更接近乾嘉大儒钱大昕。相比之下，先生可以说是当代学界的戴震。余英时先生说：“戴震治学，贵精而不务博，以闻道为归宿。他由故训以明义理，义理背后又有功力。清学之中有博约之争，乾嘉考据，有博无约，陷入支离；宋明遗风，先立其大，又流于空疏。戴震之所以卓越于时代，乃是因为他是一头狐狸时代的刺猬，有狐狸的本领（考据之博）而以刺猬（义理之约）著称。”① 先生之成就，颇近清季的戴震。2006年夏天，我在安徽屯溪开会，拜访戴震纪念馆，发现了先生当年为纪念馆的题词：“博大精深”，左联是“训绎经义发幽思”，右联为“公意渊深耐细思”。这，或许也是先生的自励吧。

让先生经常心忧的另一件事，是20世纪90年代以后的学界，山头林立，党派意气。80年代的启蒙阵营，志士同仁胸怀共同的理想，面对共同的敌人，虽然时有内争，却彼此坦诚相待，携手奋战。90年代中期以后，启蒙阵营分化，知识背景各殊，意识形态纷争，各种利益也渗透期间。先生很关心学界动态，常常为各种意气之争和相互伤害痛心不已。半夜醒来，他也在思索：为什么中国知识分子之间不能

① 余英时：《论戴震与章学诚》，东大图书公司1995年版，第124~162页。

形成合理的正常关系，不是互不理睬的豪猪，就是你死我活的豺狼？[①]他最反感的，是拉山头，扯大旗，结成一己党派，排斥打击异己，还要以某种神圣的名义；或者动辄将人划为什么主义、什么派，以小群衡量天下士林。先生超越党派立场，超乎于意识形态的混战之上。他的“中道”和反思常常引来一些议论，被外人误解为“转向”，被划入国学派、保守主义等，不一而足。先生对此感到气愤，常常郑重声明：“现在学术界也有拉帮结派之风，但我不参加互助组，也不参加合作社，准备单干到底。”[②]

痛感于学界的分裂，先生犹如胡适之晚年，愈来愈认识到容忍比自由更重要。容忍不是乡愿，不是放弃自己的立场而迁就别人的观点，而是倾听对方的声音，寻求彼此的理解。1993 年，他在给我的信中，提到学界中各种激进与保守之间的冲突，这样写道：“请听一个老人的真话吧，我们都应在学术上既虚怀若谷（能容别人观点），又坚持不挠（不放弃自己自以为是的真理）的民主作风。”先生的为友之道，不在乎立场一致或观点相近，他更看重的是彼此间的心灵相契。他与林毓生、余英时两位先生的情谊，便是由论敌化为挚友的佳话。林、余两位，原先对先生 1988 年写的《论传统与反传统：为五四精神一辩》一文都有过批评，先生与他俩还有过笔战。待后来在夏

① 王元化：《九十年代日记》，上海古籍出版社 2008 年版，第 474 页。
② 王元化：《九十年代日记》，上海古籍出版社 2008 年版，第 452 页。

威夷国际学术研讨会上见面，他们却一见如故，惺惺相惜，从此成为学术上的挚友。先生在提到这段往事时说：“我想能够出现这种情况，首先在于双方都必须具有追求真理的热忱和对于学术民主和自由讨论的原则的尊重，这才能够虚己复善，平等待人，而不是居高临下，意在求胜。”①

先生生前的时候，客厅永远是高朋满座，三教九流，无所不有。先生有容纳百家的胸怀，有凝聚人气的魅力。无论何种声音，只要言之有理、持之有故，他都愿意倾听。但接触深了，在理性的温雅背后，先生也有狂狷的一面。他常常讲：“我是湖北人，性格中有楚蛮之气。”他的内心燃烧着岩火，碰到某些大是大非，会突然爆发，情绪激烈。了解不深的朋友，常常会吓一跳，这是读他的文章感觉不到的。为什么他的文字与性格有如此反差？先生生前曾向我透露作文的心得：“写文章的时候，千万不要在情绪激动的时候动笔，这个时候写出来的东西，肯定是气胜于理。等到心情平复下来，运用自己的理智，才能有公允之论。”是的，先生发表的文字，平和而含蓄，力量都收敛在里面，在看似理性的文字背后，内含暗潮汹涌的情感。外柔（和）而内刚（烈），或许是先生的本来面目。

先生给人最深刻的印象，是他的眼神，非常明亮，有一种威严和犀利，常常透过事物的表征，洞穿人世的真相。在生命的最后几年，

① 王元化：《九十年代日记》，上海古籍出版社2008年版，第85页。

他已经看破尘世，看透各种无聊的把戏。70年的政治生涯和跌宕起伏，再加上熟读古书，饱阅历史，深谙人性，先生不再轻信，不再挂念时政。舞台上各路英雄豪杰人来人往，但历史骨子深处的东西丝毫未变。瞻望未来，他常常流露出莫名的焦虑。他的视野早已超越了一朝时政，也不相信制度可以改变一切。在他看来，即使实现了民主制度，假如制度背后缺乏人文精神和公共伦理，民主制度也会变质。①先生时时牵念于怀的，是古老文明的衰落，特别是人文精神的式微。他最初忧虑的，是泛滥成灾的大众文化。作为一代学界精英，他不是反对大众文化本身，而是担忧其对艺术品位与精神生活的伤害。他多次说："艺术不能在古与今、中与外、新与旧之间作出高下之分，而只有崇高与渺小、优美与卑陋、隽永与平庸的区别。"② 大众文化之中有好东西，但作为强势文化，它消解了艺术本身的标准，一味追求流行与时尚，以市场的口味取代艺术本身。先生最反对的是媚俗，他再三疾呼："一个以时尚为主导的社会文化中，是没有真正有深度的精神生活可言的。"③ 可惜，先生的声音太微弱了，他无法挽狂澜于既倒，只能眼睁睁看着古老的精英文化与文明遗产日渐衰落。

2002年，经林毓生先生推荐，他读到了哈佛大学史华慈教授的遗作——《中国与当今千禧年主义》，这篇文章给了他很大的震撼。史华

① 王元化：《清园近作录》，文汇出版社2004年版，第52页。
② 王元化：《九十年代反思录》，上海古籍出版社2008年版，第189～190页。
③ 王元化：《清园近作录》，文汇出版社2004年版，第7页。

慈教授以古老的先知精神，怀着对人类文明的深刻隐忧，在临终之前告诫世人：技术进步和各种新科学给人类带来的消费主义和物质主义，业已成为一种物质性的末世救赎论，轴心文明时代累积下来的人文主义精神正在衰落。① 先生意识到，人文精神的衰落，不仅是中国当今的特殊现象，也是整个人类文明所面临的共同威胁。他专门作了一篇短文，满怀忧心地指出：“中国今天实在没有理由为西方以消费主义、物质主义为涵义的普世理念蔓延感到兴奋。”② 此后几年，先生的忧虑愈来愈深，紧紧地纠缠着他，每次我去看望，他几乎都要谈到这个话题。我隐隐感觉到，先生有一种王国维、陈寅恪晚年那种文明将倾的悲哀与凄凉。先生步入了 21 世纪，但对人类的未来并不感到乐观，在给林毓生的信中，他忧心忡忡地说：“以赛亚·伯林说 20 世纪是个很糟糕的世纪，但从目前的趋势来看，21 世纪恐怕是文化崩溃的时代。”③ “每一想及此事，真是令人悲从中来。我已入耄耋之年一无所求，但是想到我们的后代，想到我们悠久的文化传统，倘听其毁于一旦，实在是于心难堪此劫。”④

20 世纪是如此的不堪回首，新世纪又是那样的前景黯淡，在生命

① 史华慈：“中国与当今千禧年主义：太阳底下的一桩新鲜事”，转引自王元化：《清园近作集》，文汇出版社 2004 年版，第 142~150 页。

② 王元化：“关于‘中国与当今千禧年主义’的几句话”，转引自王元化：《清园近作集》，文汇出版社 2004 年版，第 138~141 页。

③ 王元化：“王元化致林毓生”，转引自王元化：《清园近作集》，文汇出版社 2004 年版，第 204 页。

④ 王元化：“王元化致林毓生”，载《财经》杂志 2005 年 10 月 3 日第 143 期。

的最后岁月之中，先生开始怀念并非遥远的19世纪。2001年，他在一篇重要的访谈——《人文精神与二十一世纪的对话》中公开表示："我对19世纪比对20世纪有更多的感情。直到今天，西方19世纪文学仍是我最喜欢的读物。……我在精神上是19世纪之子，是喝着19世纪作家的奶成长的。"①

先生为什么如此留恋19世纪？19世纪究竟意味着什么？对于他而言，19世纪首先意味着博大。19世纪是一个文化上的"广漠之野"②，那时的人们心灵开放，海纳百川，兼容东西。先生的高足胡晓明在一次对话中对他说："先生身上19世纪文化精神的熏习极深。先生晚年的精神气质上恐怕更多回向'五四'的前一辈人，梁启超、严复、王国维……那时想的是如何昌明旧学，融化新知；想的是东海西海，心理莜同。'五四'以后就不是那样了，这几乎等于一种信仰。"先生听了，深以为许。③ 他曾经是"五四"的儿子，献身于启蒙大业，为"五四"精神一辩。90年代，反思"五四"，意识到作为20世纪的精神代表，"五四"运动有其褊狭的性格。而反观上一个世纪之交，清末的启蒙士大夫，从梁启超、严复到王国维，无不以中西为沟壑，致力于文明之会通。晚年先生所欣赏的杜亚泉、陈寅恪等人，无不具有

---

① 王元化："人文精神与二十一世纪的对话"，转引自王元化：《清园近作集》，文汇出版社2004年版，第2页。

② 王元化："仍然有很长的路要走"，转引自《财经年刊：世界2003》，财经杂志社2003年版。

③ 王元化：《清园近作集》，文汇出版社2004年版，第51~52页、序第2页。

19 世纪的博大与包容。那是文化上的自信，是不亢不卑的文明大国风度。

先生喜欢 19 世纪，还有一个理由，乃是 19 世纪的启蒙理想充满人文精神。抗战初期幽居在孤岛上海，无书可读，19 世纪的欧洲文学作品成为他唯一的精神养分。从英国的狄更斯、勃朗蒂姐妹，法国的巴尔扎克、罗曼·罗兰，到俄国的契诃夫、陀思妥耶夫斯基等，这些浸润着深刻人道主义精神的文学家，塑造了先生一生的灵魂。他说："我喜欢 19 世纪的文学处处渗透着人的感情，对人的命运的关心，对人的精神生活的注重，对人的美好情感的肯定。"①

人文精神的核心，乃是将人视为目的，尊重每个人的人格与尊严。先生对尊严二字看得极重，在反胡风、"文革" 等政治风暴中，他曾经被深深地伤害过，对人的尊严也格外敏感。他曾经说过："人的尊严是不可侮辱的。……思想是古怪的东西。思想不能强迫别人接受，思想也不是暴力可以摧毁的。"② 人的尊严来自人之精神，源自人是有思想的动物。他在给自己的学生的信中写道："我一生中——尤其在'文革'及运动中，经历了太多的残暴、冷酷、兽性。因此，我希望你们这一代不再有人格的侮辱，能保持自己的人的尊严。"③ 人

① 王元化：《清园近作集》，文汇出版社 2004 年版，第 2~4 页。

② 王元化：《九十年代反思录》，上海古籍出版社 2008 年版，第 355 页。

③ 王元化："王元化致吴琦幸"，转引自王元化：《清园书简》，湖北教育出版社 2003 年版，第 117 页。

的尊严，在以往的运动中受到权力的侮辱，如今又在市场的媚俗之中丧失，这令先生十分痛心。他再三重申陈寅恪为王国维墓作的墓志铭中的那句名言——“独立之精神，自由之思想”，以鼓舞世人，自勉勉人。所谓独立与自由，不仅针对专横的权力，也是对市场的流行与金钱的抗拒。

在先生看来，19 世纪的文学与哲学之中充满了人的精神尊严，晚年的他，虽然清算了黑格尔，但黑格尔对人的思想与精神力量的重视，那句“精神的力量是不可低估和小视的”，依然成为他终身的座右铭。先生所处的时代风云诡秘，各种危险和诱惑接踵而来，他坦然地说：“我是一个用笔工作的人，我最向往的就是尽一个中国知识分子的责任。留下一点不媚时、不曲学阿世而对人有益的东西。我也愿意在任何环境下都能做到不降志，不辱身，不追赶时髦，也不回避危险。”先生的晚年，虽然无惊天地泣鬼神之壮举，但其言其行，有所为，有所不为。这看似寻常，然而当今士林之中，又有几人能够做到？

先生为思想而来，又为思想而去。他是一个精神的存在。当最后一次住进医院，意识到生命无多的时候，他说：“我是一个唯精神主义者，现在由一个精神人变成一个生物人，对这个世界已别无所恋。”他再三叮嘱家属，并要向他保证：到最后阶段，千万不可同意创伤性抢救方案。他认为：一个人临终之前，若是浑身插满管子，甚至开膛破肚，这不符合人性。人活着要有尊严，死的时候也要有尊严。

先生终于有尊严地走了，这位19世纪之子，一生守住了为人的尊严。

参考文献

1. 王元化：《清园书简》，湖北教育出版社2003年版。

2. 李子云：“我所认识的王元化”，载《天涯》杂志2000年第7期。

3. 王元化：“记我的三次反思历程”，转引自王元化：《清园近作集》，文汇出版社2004年版。

4. 王元化：《九十年代日记》，浙江人民出版社2001年版。

5. 王元化：“对‘五四’的思考”，转引自王元化：《九十年代反思录》，上海古籍出版社2000年版。

6. 王元化：“人文精神与二十一世纪的对话”，转引自王元化：《清园近作集》，文汇出版社2004年版。

7. 王元化：“王元化致吴琦幸”，转引自王元化：《清园书简》，湖北教育出版社2003年版。

8. 余英时：《论戴震与章学诚》，东大图书公司1995年版。

9. 王元化：《清园近作集》，文汇出版社2004年版。

10. 史华慈：“中国与当今千禧年主义：太阳底下的一桩新鲜事”，转引自王元化：《清园近作集》，文汇出版社2004年版。

11. 王元化："关于‘中国与当今千禧年主义’的几句话"，转引自王元化：《清园近作集》，文汇出版社 2004 年版。

12. 王元化："王元化致林毓生"，转引自王元化：《清园近作集》，文汇出版社 2004 年版。

13. 王元化："仍然有很长的路要走"，转引自《财经年刊：世界 2003》，财经杂志社 2003 年版。

齐邦媛《巨流河》：
冲进哑口海的家国时代回忆录

张丁歌

此前没想到真能约见到齐邦媛。

她走上咖啡馆三楼的声音，几乎听不出高龄以及身体的不适。长柄雨伞拄着木地板楼梯，节奏均匀轻盈。人未露面，笑谈先传上来：“我来台湾第三年这家店就有了，白俄人开的，60多年了，比你们父母都大。当年周梦蝶、黄春明他们都在这写作。现在成了文化地标。”她带点东北音的台湾普通话，同陪行的年轻编辑说着。

《巨流河》出版以后，坊间有人说齐邦媛久病，深居台北一隅养生馆，极少出门，谢绝一切媒体到访。眼前她已走上三楼：淡妆，大卷短发，容颜平静，丝巾鲜艳。我开始怀疑此前各种版本的猜测，并迅速在脑海翻检《巨流河》的章节，以求能找到同对面这个形象重叠的一页。

“你从北京来？那么远！就为了我这本书？我太高兴了。”

2011年2月17日，元宵节。台北武昌街明星咖啡馆。齐邦媛建议的采访地——离她桃园的养生馆要1小时车程——她觉得在这个地方聊《巨流河》别有意义 。

“边吃边聊，挑最好的点，我来埋单。”并没有刻意的巧合，当天是她87岁生日。午饭后，她还要转道去参加台北武大校友会聚会，每年一次。

“我生于1924年元宵节，在家乡辽宁……”25万字的《巨流河》，开篇第一句，把人们拉到近一个世纪前的历史回忆之中。两岁时，追随郭松龄兵谏张作霖，父亲齐世英因兵败巨流河被迫流亡，齐邦媛一家便被预示着要开始颠沛半生的流离生活。

“你知道吗，我从小就没有家的概念。”炮火硝烟的追随中，齐邦媛自幼因随母寻父背井离乡，一家从东北逃至南京，再辗转西南，又从大陆流亡至台湾——此生便与故土遥遥相隔。《巨流河》页页都在讲家族的个人经历，而字里行间和文字背后，却是庞大绵长的家国苦难史和变迁史。

席间，齐邦媛一度盯着桌上印有“Since 1949”的建店铭牌自语：“我这一生中，脑子里最常冒出的一句话是——我居然还活着。直到写完整部《巨流河》，早上睁开眼，还在想，我怎么还活着？”

台版的《巨流河》腰封上，有一句内地版并未印上的话：读了这本书，你终于明白，我们为什么需要知识分子。合上书，跟齐邦媛聊完这一场，更加感慨：这25万字，其实是一个时代幸存下的知识分子对历史和生死的见证。

“外省人”渡不过去的巨流河

“我从6岁起就是‘外省人’。”齐邦媛说这话时有些自嘲和无奈：“到现在，来台湾60年，写了这么多台湾的东西，张口我们台湾我们台湾人，其实还是外省人。前几年，我有幸跟父母回乡，坐在陌生的大连海岸，想想自己更是‘外省人’。”

正是这个外省人，成为白先勇口中守护台湾的“文学的天使”。也是这个外省人，在81岁时，忍受着各种病痛纠缠，终下决心把淤积一生的心中块垒用纸笔浇出。5年，近千页的手稿，《巨流河》成了齐邦媛最后对自己一生、对父亲、对家国、对故乡、对整个20世纪“埋藏的巨大悲伤”完成的一次回望。如果不完成这次回望，于她或是于父亲齐世英，也许都渡不过心里那条“巨流河”。“那是心里的一道槛儿，对于一生流亡的知识分子，更深。”

“这本书来得太迟了，唉。”齐邦媛其实生性幽默，但她似乎习惯了说话间歇时叹气。“二战后，欧洲犹太人写他们悲伤的故事，日本人侵略惹来两颗原子弹也写个不休，中国人自20世纪开始即苦难交缠，却渐渐被湮没与遗忘。60年来，何曾为自己生身的故乡和为她奋斗的人写过一篇血泪记录？”她曾反复解释自己年迈之际仍要提笔坚持写下此书的初衷。

87岁，白发，瘦。虽然比起这个年龄的大多数老人，齐邦媛已算面色红润、腰背硬朗。小学时，校门口站岗的她便被形容“手臂瘦得像童军棍”。

“我好像就没胖过。”

瘦弱，内敛，爱哭，几乎是齐邦媛成长过程中给家人亲戚的惯性印象。直到这个形象从6岁延展到86岁，《巨流河》出版，父亲齐世英的亲人朋友大多惊讶：这个弱弱不言不语的女子，竟然一生有如此愤怒？

“我怎么可能没有愤怒？没有恨？这些愤怒跟随我一生，从童年到现在，从东北老家到台湾，是烙在人生里的。不说不喊，不意味着没有。其实来到台湾愤怒的人很多，你要了解各种愤怒的方式。”

齐邦媛面对面用语言复述这种烙印，也像书中文字的气场，好像极大的悲愤被一种力量压抑住了。

“我恨的是中国的积弱啊，自己积下来的弱，叫人这么欺负。多少年，我一闭上眼，脑子里就是当年从南京逃出，在火车上船上被日本人追着轰炸的场景。叫喊声，硝烟炸药的味道，都会重现。你看《巨流河》的封面，用的就是我们在重庆时被轰炸的房子，惨不忍睹。听说到了你们内地，换了安静的巨流河的封面，颜色也换了蓝的，没用红色。”

我问：如果没有终下决定写这样一本书，如果没有和一位教授进行 17 次对话访谈激发了最后动笔，几十年来那种愤怒的方式会是什么样子？

“与草木同朽。”齐邦媛脱口说出这个词。“其实人到 80 岁还有很多计划是可笑的，比如写《巨流河》。但不写下来，我过不去，不甘心。我的经历真的代表很多人，一代人。我想我能不能说一些，我能说别人不能说的话。听说大陆拍了《建国大业》之类的电影，我到现在也没看。我想有些故事，我之后的人都不知道，我之前的人都死了。我不说，就没人说了。现在是我人生最大的满足期，到最后快来不及时，我真的全都做完了。”

“文学教我看待生死和历史”

看《巨流河》的文字，听齐邦媛回忆历史，会有种感觉：那个“埋藏了巨大悲伤的 20 世纪”，就像长在她体内的一个伤口。这个伤口很深很重，但血不再喷涌，已经结了厚厚的痂，又掉了痂，留下一道近乎于肤色的伤疤，去不掉。

这跟很多人阅读《巨流河》的感觉类似。她的好友、文化学者王德威曾撰文评价她的这种“克制”:《巨流河》见证了大半个世纪的中国和台湾史，有十足可歌可泣的素材，但齐邦媛先生选择了不同的回忆形式。她的描述平白和缓，即使处理至痛时刻，也显示了极大的谦抑和低回。陈文茜、蒋勋等人也发出一致的感慨：她怎能把所有过去的波涛汹涌化作了波澜不惊？

“这可能跟家训和成长关键期受的教育都有关。”齐邦媛回忆，父亲生性温和，一辈子印象最深的一次大怒，是狠狠摔过一个糨糊瓶子。“这哪像一个历经战争大风大浪的形象？他对我影响最深的三个字便是：沉住气。学校教育更是，谁能想到从童年就在炮弹声中辗转流亡，在连今天姓什么（逃难中为了安全，齐邦媛要跟随父亲的身份变化随时更改姓氏，她常在早上醒来问：妈，我今天姓什么？）、明天会不会死都不知道的时代，我们能接受当时最好最优质的教育？我常说，我是被那些好老师训练出来的炸弹下的文艺青年，这是何其有幸！”

虽然深处战乱时代，但当时不管南开中学，还是武汉大学，任职的老师恰是中国最后受到完整教育的一代。“他们受私塾教育，背《千字文》、《百家姓》，什么都背，所以什么都知道，长大后又进清华学堂，甚至去国外留学，有非常多新的观念。尤其是南开的激情孟夫子孟志荪老师的中文课，武大朱光潜老师的英美文学，吴宓老师的文学与人生……这都在战争年代给了我们思想上的一次重生。还有南开中学的张伯苓校长，海军退役一心办教育，真了不起，当时给我们整个教育打了蛮厚的底子。现在我们一些南开大学的校友说我们是小南开，我说不是，你们是靠我们出名的。”今天回想起来，齐邦媛仍是欣慰的神情。

头顶和身后可能就是炮火，眼和心却被雪莱、济慈、莎士比亚的诗歌占据着。“当走过战乱尤其自己当上老师后，才知道这对人性的塑造有多重要。朱（光潜）老师当时的抗战教学，让我在最容易陷入悲愤、恐惧、质疑和绝望的时期里，对美和爱、生活和灵魂还愿意相信和期待。人啊，还是要相信美的。即便是我最痛恨的日本人，你看他们那个刀剑，剑柄上刻了很多东西，当他在杀的时候，还刻字刻花，这在心理上也算对美的追求。然而他却必须举起刀剑去杀戮、侵略别人，这就成了变态的文化。我庆幸在战时接受的各种美好的教育，使我们没有变成刻满仇恨的疯子，而是用知识和文学冷静地去重新建立一个世界。”

对于齐邦媛的这种“相信”，王德威尤其感慨，认为一般回忆录里很难看到像《巨流河》中的许多篇章那样，将历史和文学做出如此绵密诚恳的交汇，“她是在文学里找到了回应历史暴虐和无常的方法”。

有人还是会质疑文学的现实意义。齐邦媛会孩子般地反驳：假如我现在可以跟政府的总统总理总管什么的讲这些，我会告诉他其实你应该鼓励少数“书呆子”，就是纯粹的知识分子。因为这些人绝对不多，像我这么坚持做“书呆子”，我也并没有说特别要站在哪一边，好得要命，乖得要命。绝不为非作歹，因为为非作歹很讨厌，贼头贼脑很难看。他们的心思都在精神世界，其实这种人可以独立，每个社会都靠这种文人撑着，传承最基本的东西。

齐邦媛的学生都记得，一入大学外文系，首先被她额外要求必读的两本书是:《美丽新世界》和《1984》。“他们要清醒冷静地读书，要明白、要想到政治是怎么回事。《美丽新世界》这本书更好，里面说的话今天都应验了。”

人生早已无大怒也无大乐

很多人会忍不住直接问齐邦媛：这些年，你过得好吗？就像那些同样问她的声音：你还愤怒吗？

“这么多年了，没觉得你一定过不了，过不了也得过，也没有什么过不了的。真的没有什么过不了的，好日子坏日子都一起过。我不喜欢任何东西太过分，而且所谓的愤怒也好，快乐也好，也都说差不多了，可以了。”齐邦媛说，她反对所有狂热的东西，感情上也是。

很多人看《巨流河》，绕不开里面那位飞虎队英雄人物——张大飞。对于齐邦媛自己来说，其实也绕不开。“其实我们之间的关系很不容易归类，不是男女朋友，但那种感情也很复杂。他放弃受教育的机会，投靠空军，26岁战死。少女时期，他的死对我可能有一种刺激。

成年后，我会冷静地看清很多，写《巨流河》时，他的生与死有很强烈的象征意义，我想写的是一个人，投身那样的骨岳血海之前和之后激荡、复杂的心路历程。我 12 岁认识他，看到两代东北人以身殉国的悲怆，那不是美丽的初恋，是尊敬、亏欠、患难相知的钟情。”

“我认为太狂热的东西，都不容易持久。人生需要平静的东西，久了，就是平静的快乐。这是一种人生观。”到台湾后，教书，结婚，生子，做学，写作，用齐邦媛的话说，“过得算不错”。她结婚 60 年，一次中文系的教授问起：“都跟一个人？”意思就是：“换过吗？”“我开始真的没搞清什么意思，现在每个人都会变很多次吗？拜伦当年写诗——嫁给一个 50 岁的丈夫，好希望是两个，每个 25 岁。那是诙谐现代诗啊。不可以啊，我从来没梦过。”

采访结束的第二天，我从台北南下，到了垦丁有台湾南端之称的鹅銮鼻灯塔，看着前方怒涛拍岸的哑口海，像一部无声默片。想起齐邦媛前一天的话：“我的人生无大怒也无大乐，就像冲进哑口海的巨流，早就消了音。写完《巨流河》，那种满足很平静。”

交往雷抒雁

白　描

2014 年 2 月 14 日，雷抒雁逝世一周年祭日。此前应家乡陕西泾阳文史办之约，写了我与雷抒雁 45 年的交往。祭日已过，哀思不绝，发表此文，缅怀挚友。

一

与雷抒雁相交，我 15 岁，他 25 岁。

那是 1967 年，“文革”正在进行中。我是陕西泾阳县永乐中学初六八届学生，他是西北大学中文系六七届大学生。同是泾阳人，永乐中学也是他读初中的母校，天下大乱，省上、地区、县上都分为两派，西北大学学生组织与泾阳一派群众组织在一条线上，我也属于这一派，他回到家乡，我们之间自然便有了接触。

家乡泾阳，因位于泾水之北而得名，地处八百里秦川腹地，被誉为关中的“白菜心”。泾阳不止是关中的“白菜心”，也是中国领土的中心位置，永乐中学附近的石际寺村，便是“中华人民共和国大地原点”所在之处。那个从平地上隆起的高丘，是我和雷抒雁上学的必经之地。县城以西 20 多公里外，是唐代第二代皇帝唐太宗的昭陵。唐代帝王依山为陵，昭陵建于九嵕山，泾阳人却从不叫它九嵕山，而叫它笔架山，因为从家乡的方位西望，九嵕山形如笔架。然而从其他三面眺望，那山或奇，或雄，或险，却与笔架毫不搭界。笔架山养育了泾阳的文脉，仅近现当代就有于右任、冯润璋、吴宓、李若冰等出生于此。家乡人崇文重教，数千年以耕读传家为理想，那笔架山，便是我们推崇的圭臬、高竖的经幡。

那时雷抒雁还乡，交往更多的是一些年长于我的人。一个大学生，与我这个初一学生不在一个对话层面，但在永乐中学，我们有一个共同尊敬的老师——刘羽升。刘老师教语文。正是在刘老师的辅导下，雷抒雁读初二时，在《红色少年报》上发表了他的处女作——小小说《小羊倌》，从而奠定了他以文学为终身事业的理想。那时，他很关注刘老师的遭际，“文革”初期刘老师被关进“牛棚”，后来“解放”，听我说一些学生找茬批斗刘老师，让他背诵“老三篇”，扬言错一个字便赏一耳光，刘老师一个上午背诵若干遍竟一字不差，搞得找茬的学生很丧气。雷抒雁颇为刘老师骄傲，说："让他们知道，什么叫天才。"几年后，我在永乐中学读高中，也是在刘老师的辅导下，第一次把自己写的文字变成铅字。刘羽升是我和雷抒雁共同的文学启蒙老师，我们出于同一师门，由此也就奠定了此后数十年中我们之间深深的友情和非常特殊的关系。

经过大学毕业后一段曲折的经历，1972 年，雷抒雁调入《解放军文艺》任诗歌编辑，那时正是我初学写作的开端。同门师兄成为著名刊物的编辑，在我眼中是个了不得的人物，自然也是种鼓舞。他回乡探亲，去看望刘老师时，我们总要相聚。我喜欢听他海阔天空地聊，听他讲文学，讲北京和部队，讲一些作家诗人的事。1973 年，我的一篇小说在《陕西日报》发表，那时我已上了陕西师大，正逢他回陕探亲，我把小说拿给他看。在陕西师大大操场炉渣碎末铺成的跑道上，我们边走边聊，他就小说的人物、情节和语言谈了一些改进意见。记得很清楚的是，他喜欢说：这个情节，或这个人，这一段话，放给我，我会怎么写怎么写，虽多是小说技法问题，但令我记忆深刻，至今难忘。

1975 年，雷抒雁第一本诗集《沙海军歌》由人民出版社出版。他给刘羽升老师和我各送了一本。送刘老师的书，在扉页上题写"羽升老师教我"；送我的书，在扉页上题写："白描存念：天生我才，嵯峨为证。"嵯峨山是县内最高的山，刘老师看后，很是欣喜，却正话反说："野心大哩，野心大哩。"

那时，雷抒雁在中国诗坛崭露头角，家乡人关注他创作的每一动向。县上除文学启蒙老师刘羽升外，还有一位成名较早的诗人马林帆，马林帆也是我和抒雁老师辈的人物。我对马老师，只有毕恭毕敬的份儿；抒雁在马老师面前则率性、随意，是一种亦师亦友的关系，这种情谊一直保持到终。我们看到雷抒雁在什么地方发表了什么诗作，总要议论一番，为他高兴，更对他充满期待。1979 年，《小草在歌唱》先是在中央人民广播电台以配乐朗诵形式播出，继而在《诗刊》发表，举国上下大为轰动，一夜之间，雷抒雁的名字传遍大江南北。很多人惊诧雷抒雁何以具备如此爆发力，何以取得如此成功，我们也是又惊又喜，但又觉得实属必然。雷抒雁思想如电，才华如川，胸有沟壑，怀有宏愿，在一个全民反思年代，必然会发出属于他的声音，他的歌唱，成为代表一个时代精神的强音，这毫不为奇。

二

1982 年，我从陕西师大调入陕西作协，事先曾征求雷抒雁的意见。雷抒雁给我的建议是：先在《延河》做编辑，干上几年，争取进创作组。创作组是专业作家待的部门，很多人都想进去，路遥就是在我接了他的《延河》小说组编辑工作之后进入创作组的。然而 1984 年，我即接手《延河》主编担子，翌年又任陕西作协书记处书记，分工负责刊物和青年作家培养工作，进创作组的梦想泡了汤。在北京与抒雁见面，他又表示祝贺，认为做一家刊物主编，可以做的事情更多。那时，他刚从部队转业不久，先是进入《人才》杂志任编辑，干了不久，调到《工人日报》社，后再调入工人出版社。其时，他对办刊怀有极大兴趣，以很大精力投入创办了《开拓》《五月》等大型文学刊物。对于办刊，他有很多想法，但真正主事的不是他，这两个刊物最终都没有坚持办下去。

1988年，我的长篇纪实文学《苍凉青春》写完后，最初打算给《当代》编辑刘茵。刘茵也是陕西乡党，是我尊敬的一位大姐。我想若能先在《当代》发表，后在人民文学出版社出版，再理想不过。我向刘茵说了想法，她很有兴趣，马上要看稿子。在稿子最后润色期间，工人出版社总编南云瑞出差到西安。南云瑞也是陕西人，我们彼此非常熟悉。老南听说我有一部写北京知青的长篇，动员我给工人社，回京后他又让雷抒雁盯着我手中的稿子。雷抒雁上手，于情，我无法推辞；于理，他时任工人出版社文艺部主任，没有不放心的道理，遂向刘茵说明，稿子给了工人社。

《苍凉青春》先经编辑梁文玉初审，室主任刘延庆复审，都给予了很高评价。雷抒雁是在他们之后看的，立即致信于我，龙飞凤舞，寥寥数语：“白描：看过《苍凉》，公认佳作，祝贺。报南，问题不大，争取当作重点安排。”很快,《苍凉青春》出版，读者的反映印证了社里的估价，他们觉得应该召开一个研讨会，于是先在西安，后在北京，分别召开了两个《苍凉青春》研讨会。两个会全由工人出版社出资，均由雷抒雁主持。西安的研讨会，雷抒雁带了工人出版社数位编辑前来，我们也邀请了刘羽升、马林帆老师出席，师生重聚，又是在这样一个场合，自然都很兴奋。雷抒雁在西安的几天，我们常常彻夜长谈，从文学到政治，从生活到家庭，从泾阳的人物、吃食、戏班子，谈到泾阳民间风俗礼数、泾阳的话、每年县城的“二月会”，以至狗撵兔、马配桩、杀猪孩子哄抢猪尿泡……嗣后,《文学报》发表了陕西评论家李国平写的西安《苍凉青春》研讨会纪要——《知青文学的又一次突破》，雷抒雁很是满意。然而后来北京的研讨会，他却抱以为憾。北京研讨会于1989年4月召开，其时学潮初起，人心惶惶，整个社会和媒体的兴奋点已不在文学，尽管与会著名专家不少，但报纸很少予以报道，枉费了工人出版社和雷抒雁的一片苦心美意。

1991年年初，我调往国家外国专家局，举家迁京。新地方，新环境，来往多的是曾经结交的文学界的一些朋友，圈子不大。我住新街口，雷抒雁住六铺炕，相距很近，他那里自然便成了我常去的地方。那时他刚刚迁入新居，一座小高层的最顶端，10楼的一所小三居。过去他和夫人马利蜗居于一栋小楼斗室，一室一厨一卫，家居用品和大量藏书已让室内显得拥挤不堪，若是再去三五客人，坐的地方都成问题。抒雁夫妇对新居做了精心装修，最别出心裁的是在客厅临窗户一端建了榻榻米。抒雁生性随意，崇尚无拘无束、自由率性的生活，一本书，一泡茶，就一方榻榻米，或倚或卧，或盘腿打坐，得大自在，客来夜宿还是现成的卧榻。抒雁那时就对玉石和红木家具颇感兴趣，只是力气没有放在收藏上，藏品不多，更多的是对书本文化的研究。客厅里有一套红木茶桌和圈椅，平时去他家，就坐在那里喝茶，有时他会拿出一些玉石玩意之类，让我欣赏品评，马利也总是兴致勃勃凑在抒雁身边。一次，看的是几样翡翠小佩饰，我挑出两件，说值得收藏，马利高兴了，捅了雷抒雁一把，说："看看，我买的，你还说不值。"多年后，朋友送抒雁一块玛瑙原石，说是像马头。抒雁属马，他拿给我看，我要过来，交付北京玉雕大师李东，经过李东一番雕琢，遂成一件玉雕艺术品，抒雁格外喜欢，时常于手中把玩。后来，我专门选了一块和田玉料，请李东大师用心雕琢了一匹马，送给抒雁，他自然是喜不自胜。

在国家外国专家局，我任国际人才交流信息研究中心副主任、《国家人才交流》和《专家工作通讯》两刊副总编。《专家工作通讯》是机密内刊，专业性很强；《国际人才交流》则是一本以报道中外人才为主的公开发行的杂志，需要自己的记者和社会作者队伍。雷抒雁对我的工作给予了很大的支持。他为我们介绍作者，推荐相关文章；他随中国作家代表团访问前苏联归来，拿出长篇《访苏日记》供我们选用，而且交给我一大堆访苏期间的照片,《国际人才交流》发表了其中的十多张。

京城文学圈里，有一堆陕西人，而且都在重要文学岗位：阎纲、周明、何西来、王宗仁、白烨、李炳银、刘茵、田珍颖、刘列娃，还有后来的李建军、党益民等。雷抒雁和我自然融入其中。有时，参加某个文学方面的活动或会议，老陕坐了一片，而且这帮人很抱团，彼此关系相当融洽，被京城文学界称为“陕西帮”。陕西人在京有一个同乡会，囊括各界人士，周明任会长，我是副会长之一。在这个大同乡会之外，又成立了一个文学界陕西同乡会，大家公推“二白”做会长，所谓“二白”，就是白烨和我。逢到陕西来了朋友，或者某项活动，某个节口，这个小同乡会就聚会一处，吃喝闲谝，谈天说地，全讲陕西话，亲亲热热，不亦乐乎。有一段时间，我们在一起，曾热烈地探讨关中方言“song”（二声）的用法，认为这是一个涵盖量颇大的万能代词，只要在它前边冠以某个字，人的类型特征、性格品行便显现出来：能 song、犟 song、逛 song、瞎 song、憋 song、闷 song、蔫 song、争 song、吝 song……我们列举拼凑了 30 多条，后来还没有完。这不是无聊，不是低级趣味，对家乡语言的反刍体现出大家浓浓的思乡爱乡之情。雷抒雁后来写出关中方言考《村言寻字》，便是在这种氛围中孕育而生的一项成果。

抒雁爱争辩，爱抬杠，又得理不饶人，越是熟人，越不相让，而且越“损”的话越爱说。一位陕西作家有名有钱，但太过节俭克扣自己，舍不得花钱。一次来京，雷抒雁拿他开涮。他一本正经地对朋友讲：“××，你这么省钱，有一样好处，你知道是啥？”朋友问：“是啥？”他回答：“你死了，你老婆容易改嫁，因为是个富寡妇。”这让那位朋友哭笑不得。抒雁的诗人秉性处处体现，眼里容不得沙子，小到一个人的行为举止，大到一些社会问题，看不惯就要说，不吐不快。一次，我在《北京晚报》上看到他署名的一篇文章，是批评京城大牌餐馆“×来顺”的：他带朋友去这家餐馆吃饭，遭遇了恶劣服务，和人家吵起来，他气愤难平，回家著文在报上发表，不惜以著名诗人的声名地位与之相搏。当然，最后搞得这家餐馆很狼狈，以公开道歉了事。2010年，他出任第五届鲁迅文学奖诗歌奖初评委员会主任、终评委员会副主任。他非常反感文学界的不正之风，对评奖中走关系、拜门子深恶痛绝。一位参评作者不识相，送钱到雷抒雁家中，遭到雷抒雁一通斥责，而且雷抒雁把此事在评委会上公开了，消息传出，文学界对他肃然起敬，一片叫好之声。

三

部队转业后，雷抒雁的工作调动过数次，一段时间里并不如意。1993年调到《诗刊》任副主编，1995年再调到鲁迅文学院任常务副院长，才获得适合他的天地。同年，中国作协发出商调函，拟调我进作协办公厅，未获外专局同意。1999 年，中国作协领导问我还想不想动，这次拟让我去的是鲁迅文学院，职务是副院长。我早有回归作家队伍的愿望，进入作协系统我是很乐意的，但具体到鲁迅文学院，我有犹豫。雷抒雁是那里的当家人，一个县的乡党，同在一个单位，一个是一把手，一个辅助执政，别人会不会说闲话？特别是鲁院内部人，会怎么想？会不会认为雷抒雁是在结帮拉派？雷抒雁倒是积极支持我过去，认为我的担心属于多余，别人有什么想法管不着，关键是秉公出发，正派做人，端正行事，齐心协力把鲁院的工作搞上去，谁人还有什么话再说？抒雁的话在理，我下了决心，当年 7 月，我调入鲁院。

我和鲁院注定有缘。1983 年，我曾有一次进入鲁院的机会。鲁院那时还未更名，叫文学讲习所。那年招生，要求各地作协推荐青年作家中的重点培养对象去学习。在陕西物色人选时，我报了名。陕西作协领导研究，开始选定的也是我，事情几乎都定了，后来却发生了变化。作协党组书记、主席胡采找我谈话，通知我推荐人选最终敲定为汉中的王蓬。胡采说，调我到陕西作协的本意，就是为了加强《延河》的编辑力量，刊物工作任务重、压力大，我若去学习，势必会影响本职工作。就这样，我与鲁院失之交臂。王蓬那届学员就是著名的“文讲所八期”，可谓人才荟萃：刘兆林、邓刚、聂振宁、乔良、朱苏进、黄尧、唐栋、张石山……这些人中，后来出任省作协主席、将军、部级领导干部的就有多位。鉴于这期学员尽是当时文坛的生力军，在他们入学不久,《延河》决定派人前往北京组稿，这个人就是我。我在北京先后待了一个多月，天天跑文讲所，天天泡在这批学员当中，在此期间,《延河》副主编董得理、评论组组长王愚等还专程赶赴北京，请八期全体学员在北海公园划船游园，在仿膳宴请，文讲所领导李清泉、徐刚和部分老师也都参加了。当时，全国各地文学刊物纷纷派人向他们约稿，最终大获全胜的是《延河》，他们当中从事小说创作的作家，每人一篇,《延河》以连续两期的篇幅推出这期学员的小说专号。这是我与鲁院的又一次际会。我最终走进鲁院，成为其中的一名工作人员，算起来，已是第三段缘分了。

鲁院于1984年修建的校舍在朝阳区东八里庄。这地方我没有去过，赴任那天，雷抒雁陪我走进校园。此前他曾如实向我介绍，鲁院办学经费拮据，日子不好过，让我做好思想准备，调我来也是想让我与大家共同努力，开拓局面，让鲁院获得大的发展。尽管他这样说过，但当时鲁院的实际状况还是出乎我的预料。鲁院是全额拨款事业单位，但国家财政给鲁院投入很少，所拨经费存在巨大缺口，只能靠收费办学维持生计。雷抒雁苦心孤诣，呕心沥血，带领全院人马举办各种类型的作家培训班，开源创收，节流度日。2000年，我和雷抒雁之间发生过一次激烈的争执。在院内，我分工负责行政、党务、人事和财务，由我批准，学院购置了三台电脑。电脑送来后，抒雁大为光火，认为穷日子有穷过法，买电脑是奢侈，是浪费，钱花在了不当花的地方。他还有一个理由，不能在台面讲，只能关起门对我嚷嚷："鲁院有几个懂电脑的？就那素质，配用电脑吗？"我对他讲："一个国家级文学院，没有电脑办公是不行的，人员素质低，那就从学电脑开始，改造人的素质吧。"这人也有他的特点，反对归反对，嚷嚷归嚷嚷，你坚持了，他也会依了你。

那时，学院一位负责接送外聘老师的司机，利用认识某些老师的关系，与校外几人联手，私下办所谓的文学培训班，既不合规，也无质量，还抢了鲁院的生源。雷抒雁获悉后，快刀斩乱麻，立即解除了那位司机的聘任合同。原来接送院领导的司机改为接送外聘老师，那辆收回的车交我开，上下班由我接送他和另一位副院长胡平。就这样，我这名副院长，兼任司机数年，上班三人一车到学校，下班三人一车回家。我们三位院长之间，关系非常协调，工作上的事情，有时候在车上便可商妥。我和胡平都喜欢听抒雁在车上高谈阔论，他洒脱的天性，活跃的思维，敏锐的才思，睿智的语言，在完全放松的情境下表现得更为淋漓。他看待事物，观察问题，常常不同凡俗，有自己独特的角度和超常的见解。比如，说鲁院就是一张火柴皮，来学习的作家就像火柴头，都有燃烧的潜质，鲁院需要做的就是让两者那么一擦，点亮他们思想的火苗，引燃他们创造的才华。谈作家的生活积累，说农村妇女看鸡会不会下蛋，手指头塞进鸡屁股里一摸便知分晓，作家写作肚子里先要有货，腹内空空，下个什么蛋？再如，他对“以德治国”有自己的看法：“一个走向现代化的国家，怎么能光强调以德治国？德治思想包含了太多人治成分，应该说‘以德治身，依法治国’。”有时下班送了胡平，我和他想吃家乡饭，就开车满大街转悠，找寻陕西饭馆。油泼面、羊肉泡馍、肉夹馍、腊汁肉、水盆羊肉、荞面饸饹、辣子蒜羊血等，都是我们踅摸的吃物。一次，岐山县委赵书记来京，介绍阜成门附近开了一家岐山面馆，下了班，抒雁和我从东四环外的东八里庄跑到西二环的阜成门，四下寻找，转了好多圈，终未找到那家馆子。遗憾中，我们只好走进一家老北京炸酱面馆，筷子刚把面条挑起来，抒雁就直皱眉头，满脸的不屑：“哼，这也叫面条？搁咱那谁家媳妇把面做成这样子，还不让男人骂死？”

有一次，我和雷抒雁同时回泾阳，在县城姐姐家吃饭：搅团鱼儿、萝卜馅饺子、芹菜麦饭、醋熘笋瓜、炝拌莲藕等，都是些家常饭菜，雷抒雁和我却吃得直呼过瘾。这是我们早年熟悉的口味，除了家乡之外，其他任何地方都无法复制。雷抒雁最感兴趣的是饺子和醋熘笋瓜。那饺子所用的馅儿，是把萝卜切碎后搅和肉馅先在锅里微烹，泾阳话叫“拦”一下，成半熟状态，然后再加调味品包了饺子下锅。萝卜容易入味，这一“拦”，味道尽收，难言其妙。笋瓜类似于西葫芦，但色白，比西葫芦脆，在北京和其他地方，我还没有见过有笋瓜生长和出售。从泾阳返京许久，雷抒雁还多次与我谈及在姐姐家吃过的那顿饭。

他认为，人类最顽固、最持久的记忆，是味觉记忆。后来，他据此写出散文《舌苔上的记忆》。没想到，姐姐家一顿饭，不光满足了我们的口腹之欲，而且催生出抒雁的一篇美文。

还有一次偶然事件，引发雷抒雁盎然兴致，写出一篇广为传播的奇文。

文章开头是这样写的：

1999年11月某日晚，时近子时，位于北京西北角一寓所里，“啪”一声脆响，一方稀世古玉，跌落玻璃茶几之上，只见那玉轻轻弹起，随即碎成几块，落在地上。一时之间，举座愕然，六双眼睛盯着碎玉，黑脸、白脸、黄脸、粉脸，顿成灰面。宝玉之主人贾平凹连声说：“天意！天意！”

古人说，宝物归化，必有先兆。细想几个月来，天下之不平静：先是巴尔干战事如火如荼，后又土耳其地震连连，延及台湾地动山摇，阿里山塌落，日月潭塞阻；再后来，又是飓风，又是暴雨，从南美吹到北美……世界不平若此，宝物岂能安宁。愤然一跃，粉身碎骨，亦在情理之中。其时，举座目瞪口呆，似觉东海激荡，昆仑摇撼，连说一声“可惜”都已忘记。不知这一夜地震台灵敏的测震指针可曾划下一些剧烈的痕迹！

事情原委如下。

这一日，贾平凹先生荣获“中国石油铁人奖”，在人民大会堂得一奖牌并三千大洋，晚上庆宴之后，一群京内朋友邀聚白描先生家中闲聊。一并六人，贾平凹、雷达、李炳银、雷抒雁，以及白描和夫人毕英杰。入座，看茶，然后照例是一番东拉西扯，寒暄，叙旧，高侃。

雷达先生不失时机，从脖下扯出一块玉佩，说是近日得一古玉，上有阴文刻字，不曾认识，想请诸位看看。大家传阅，果然是一方好玉，明亮透彻，雕工精巧，只是仍然无人认得那篆刻的字。雷达听到众人评说，面有得意之色，悄然收了玉佩，从领口塞进衣里，贴肉暖和去了。

看罢雷达的玉佩，贾平凹先生便有些耐不住了，一脸神秘，说：“我也有一块玉。”说着，贴脖领子掏了出来。

随后发生的事情也的确出奇。贾平凹介绍是“金香玉”，玉好，还有香味。众人便轮流欣赏，最后传递到白描的妻子毕英杰手中，赏罢，交还平凹时，那玉竟莫名其妙地坠地摔碎了。

抒雁文章继续写道：

> 平凹是奇人，听声之后，先是一惊，接着闭目伸手，叫：“六块，六块！”那声音怪异，像是祈祷，又像是判定。
>
> 众人静下神，俯身去拣，果然六块。平凹说：“如何？玉是灵

性之物，知道诸位心私爱之，又不便说出口；且只一块给谁也不合适。如今碎了，在场是六人定然是六块。每人一块，拿去吧！”

这虽只是个意外事故，但奇在六人恰恰六块，各有一份。就算是巧合，也巧得出人意料。平凹的呼声犹在耳边，益发多了神秘色彩。白描怪得妻子失手，心中颇为不安，对平凹说：“我将这一块托人以金子镶嵌给你，留个纪念吧。”

令我惊愕的是，往日人皆道平凹吝啬，悭财滞物，此时则见其大将之风。看见玉碎，先是一震，脸色一暗，心中之苦、之痛，无以言表；瞬间，即归平静，一口谢绝了白描要以金镶玉之求，说是：“玉有缘分，今日六人，果为六块，正是得其所哉！这倒是祥瑞之吉兆！”

事实上，我看到平凹当时分外痛心，脸色都灰了，心中着实过意不去。在平凹提议将玉分与众人后，遂劝阻：“算了吧，还是我找人用金镶嵌起来还归你。”并打趣道：“金子一镶，你这金香玉真成‘金镶玉’了。”平凹仍是执意分给大家。事后他曾私下向我道出原委：原来，此趟来京领奖，他就犹犹豫豫来还是不来，多日来他右眼直跳，左眼跳财，右眼跳灾，来京未必有什么好事。如今这玉意外碎裂，玉代他受祸，帮他消了一灾，也正是好友的聚会，才会有这样的结果，这玉岂有不分赠大家的道理？

雷抒雁的文章接着写道：

风暴之后，大海归于平静，几位朋友，各自抚着闻着自己所得的一块香玉，又说笑开来。白描夫妇那里铺纸备墨，要平凹一展书艺。平凹笔墨功力深厚，名声远播，在西安得的润笔颇丰。今日诸友正是要榨他一榨。平凹提笔舔墨，静思片刻，落笔大书二字："分香"。重笔侧锋，凝然有魏碑之风。

只是满张宣纸，只这"分香"二字，略显空廓。

我说："再加二字：'分香散玉'"。众人抚掌连声说好。下边以小字记下今夜玉碎之经过，遂成一篇秀书美文。白描抢先一步说："我收藏了。"

抒雁在文章中还引用了一些古人的玉论和自己的发挥，洋洋洒洒，恣情率意，饶是有趣。这便是散文名篇《分香散玉》。抒雁显然很看重此文，2004年，解放军文艺出版社出版的雷抒雁散文六卷集，就是以《分香散玉》作为总书名。

《分香散玉》最初发表于天津《今晚报》，随后《作家文摘》等各选刊文摘类报刊多有转载。文章原稿系抒雁手写，教人打印后发给报社。见报后，我把抒雁手写原稿要了过来，连同我和妻子分得平凹的两块玉，还有那幅书法作品，用心收藏。

四

鲁院的窘迫局面，进入新世纪后得以改观。2001年，中国作协党组决定在鲁院举办中青年作家高级研讨班，改变过去办班收费的做法，选拔具有一定创作成就并具发展潜质的中青年作家进入鲁院学习。作协党组书记金炳华，向当时的中共中央政治局委员、书记处书记、中宣部部长丁关根汇报后，得到丁关根同志的肯定与支持。此前，雷抒雁带领我们尝试过内部体制机制改革，实行教学社会效益和经济效益量化目标责任制管理，也曾试图把鲁院纳入国家学历教育系列，但路子走得都很不顺畅。举办高研班，学员进校学费住宿费全免，伙食还有补贴，一人一间宿舍，电视电脑电话一应俱全，办学经费全部由中宣部和国家财政拿钱，鲁院由此迎来了办学历史上的又一个辉煌期。在雷抒雁手上实现了这一转变，这是足以让他欣慰的事。

我和抒雁，有种默契：同事朋友，彼此有别；同僚乡党，不可混淆；公干私交，界限分明。这话我们彼此没有明说，却达成共识，严格掌控着之间的界线。在学院，我是他的副手，一切从工作和事业出发，原则问题上毫不含糊；私底下，我和他是朋友，是兄弟，情同手足，快乐可以分享，困扰可以分担。

抒雁对母亲极孝顺，父亲去世后，他便把母亲从老家接到北京，让老人安享晚年。老人知道我和抒雁的关系，每去他家，便分外开心和亲热，和我说东道西，凡事总喜欢拿老家的标准做比较：咱哇是咋样咋样，人家这搭可这样这样……马利和老人的关系非常融洽，让婆婆很开心。有时我去了，见老人家穿一件时尚毛衣，或者一双新鞋，老人马上会说明："马利给买的，我说样子太新穿不出去，可马利非让穿不可。"她的话里透出极大的快乐和满足。

抒雁母亲每天上下午下楼出去转悠两趟，北京话叫遛弯，到附近各处走走，和那些大妈大爷说说话。一个星期天的午后，雷抒雁情急忙慌地给我打电话，说老母亲上午出去遛弯，到现在还没有回家，附近她常去的地方都找了，不见人影。抒雁担心老人走失，心里发毛。我立即开车赶过去，与他一起寻找老人。六铺炕周边那些街心花坛，护城河沿岸，楼宇间小空地老人们常闲聚的地方，安定门外的地坛公园，齐齐找遍，还未找见。抒雁直叫"大事不好，大事不好"，头上已渗出虚汗。无奈中折返回家，却意外地在他家楼下发现了老人。老人家刚从公交汽车站下车，不慌不忙，优哉游哉，缓缓走来。抒雁又惊又喜，快步迎上，口中却嗔怪："去哪了？找了两个钟头都不见，快把人急死了！"原来这天老人下楼遛弯，遇见一位老乡，也是随儿子住在附近的老太太，两人说着话，不知怎么说到了公主坟，说那里埋着一位公主，那位老太太灵机一动，提议去看看，抒雁母亲竟然也就答应了。她不知道六铺炕距公主坟有多远，以为很快就能回来，也就没有和在家伏案写作的儿子打招呼。两位老太太也有能耐，上了公交车才问路线，倒了多趟车，从城北到城西南角兜了一大圈，什么坟也没有看到，在超市买了几块蛋糕，算是打发了午饭，这才按原路线返回。这件事情，显然在抒雁心里落下了影子，以后对母亲外出总不放心，下班后早早回家，见老母亲在家中安然无恙，心中才算踏实。

抒雁的母亲有冠心病，这让他时刻悬着心。2001 年 9 月 6 日，不幸终于发生了。

那天下午，在中国作协会议室学习讨论的雷抒雁，以一种近乎失态的焦灼，希望会议早点结束。5 点散会，他迫不及待地往家赶。他莫名其妙地感到心神不宁。路途中，他打电话给家里，想马上听到母亲的声音。铃声空响，他希望母亲是到楼下散步去了。到家推开门，像往常一样，喊了一声“妈妈”，无人应声。他急忙走进里面的房间，看见母亲躺在地上呻吟。他扑过去，一把抱住她，想让她坐起来，她只是含糊不清地说：“我费尽了力气，可是坐不起来。”母亲左边的身子已经瘫痪。

事后，雷抒雁在怀念母亲的文章中写道：“我明白了那个下午我焦灼、急躁、不安的全部原因。一根无形的线——生命之线牵扯着我的心。虽然没有听见妈妈的呼喊声，可我的心如紊乱的钟摆，失去了平衡。我以从未有过的急切，想回到妈妈的身边。也许，只要她的手抚摸一下我，或者，她的眼神注视一下我，我心中失控的大火就会被熄灭。”

两天后，抒雁母亲在安贞医院咽下最后一口气。当晚我也在医院，还有我和抒雁共同的朋友——人民大学教授牛宏宝。9点多，看昏迷中的老人呼吸平稳，我们出了病房，在院子散步。秋凉之夜，路灯点点，树影幢幢，正漫步说话间，身旁咔嚓一声响动，吓人一跳。定睛一看，方知是甬道旁一棵柿树折断了枝丫，坠地的枝丫挂满了柿子。后来，抒雁说那时他就有了不祥的预感，午夜时分，雷母溘然长逝。

抒雁母亲的后事是我帮着操办的。抒雁因过度悲伤而变得虚弱，两个儿子和我没有让他去火葬场，将他交付马利照顾，我和孩子们等送了老人最后一程。在东郊平房殡仪馆，当我把抒雁母亲的骨灰一块一块捡起装进骨灰盒时，像九年前送行我母亲时一样，泪水溢满了我的眼眶。

五

2003年夏秋之交，抒雁告诉我，他大便不成形，有时还拉稀。我劝他去医院查查，他却说先吃药看看。但吃药他也不是那么认真，上下班途中，看见有药店，他叫我停车，进去问人家什么药治拉稀，按销售员的推荐买来。11月，第四届全国文学院院长联席会议在广东召开，我是联席会议秘书长，肯定要去，他原本不想去的，马利三番五次催他去医院检查，他也打算住院，但经不住全国各地院长们盛情相邀，他也到了广东。从广东返回，12 月，他住进了中日友好医院干部病房。

雷抒雁查出直肠癌的消息，我是在天坛医院获悉的。那阵子我时不时晕眩，手麻，抒雁也曾劝我住院好好查查。一次，我们一块参加一个活动，晚宴中我突然晕得厉害，抒雁马上陪我回家。我驾驶着车辆，途中抒雁看我勉强支撑，马上让我把车开到平安大街一家茶艺馆门前，他陪我进去，挑了坐席，让我躺下。他又给鲁院打电话，要了车，他和鲁院来的同志一块把我送到医院急诊室，检查，做 CT，排队交钱领药，忙了大半个晚上。就是经历了这种折腾后，他和我一前一后，一北一南，住进了不同的医院。在两家医院，我们只能通过电话联系，相互问候，相互打气。我出院后去看他，他已进行了手术。他患病的消息牵动面很大，很多朋友要去看他，他写了一张纸条，让家人贴在病房门外——“请把关爱留到明天”，谢绝来人探访。当然，他不会拒绝我。他说想吃羊肉汤，我开车去北太平庄老孙家泡馍馆在北京开的分店，老板是抒雁的好友、《人民日报》驻陕西记者站站长孟西安的外甥，告诉他是雷抒雁要吃，老板即刻着大厨精心调制了一盆羊肉汤。那汤，术后不久的雷抒雁其实只能鼻子闻闻，舌尖舔舔，他不是嘴馋，而是心馋，“舌苔上的记忆”在这个时候鼓舞着他继续生存、继续歌唱下去的意志和勇气。

雷抒雁手术时，已是直肠癌晚期，但术后恢复得很好，此后多年里，也完全像个健康人一样生活、写作、参加各种活动，还全国各地四处走动。这归功于手术的成功；归功于子孙绕膝的天伦之乐和家庭和谐的气氛的滋润——孙子孙女，他给起名，一个叫从从，一个叫容容，起这名字他很得意，回顾自己一生，他希望孙辈们过得从容一些；再就要归功夫人马利了——从日常滋补到一系列康复保健措施，马利为他创造了良好的条件。他自身的状态，几乎超出他自己的预料。

2005 年，塔里木石油管理局邀请作家去采风，队伍里多是陕西人：阎纲、周明、何西来、王宗仁、雷抒雁和我。一行人从库尔勒到塔克拉玛干沙漠腹地塔中，再到西气东输的源头克拉玛依，跑了不少地方。后来与油田和地方作家座谈，大家抒发采风感想，多谈中国石油人的精神，谈西部开发者的贡献。轮到抒雁发言，这样的话他一句都未讲，只谈沙漠中的胡杨、红柳、梭梭，谈生命的荣枯，谈生与死。对他触动最深的，是那些倒下去却千年不朽的胡杨，话语间，可以听出他对“死”思考得比“生”多，而且多有感伤意味。这真实地透露出他当时的心态，还没有从悲观中解脱出来。同年，他精编了一本散文随笔集，以《雁过留声》作为书名，由长江文艺出版社出版。他把集子签名送我，我猜测那名字的含义，说“雁还在天上，雁还在飞翔”，潜台词是：大雁不会说过就过去的。他当然听懂了，倒很配合，笑说：“雁还在下蛋哩。”

雁的确还在下蛋。手术康复之后，雷抒雁神奇地迎来了创作上的又一个高峰，他以每年一本书的速度，连续不断地展示他创作的新成果。近 10 年中，他写散文随笔，写研究《诗经》的学术专著，当然还继续着诗歌创作。国内每每发生重大事件，雷抒雁都有诗篇作出回应。2008 年春，南方多省发生雨雪冰冻灾害，他有长诗《冰雪之劫：战歌与颂歌》在《人民日报》发表；5 · 12 汶川大地震，他有《悲回风：哀悼日》、《生命之花：毁灭与新生》分别在《文艺报》和《人民日报》上发表。2009 年，在庆祝新中国成立 60 周年之际，长诗《最初的年代》发表于《人民日报》。他是一位战斗的歌者，他歌唱战歌，歌唱颂歌，歌声里充满激情，每首诗都有他的发现，他的视角。特别是他的那些颂歌，与任何政治抒情诗人都不一样，绝不粉饰矫情，饱含思想锋芒。他不止一次给我讲过土改时政府颁发给他家的一张《土地证》，那是农民做了土地主人的法律凭证，可是后来土地没了，《土地证》变成了一张废纸，他父亲却视之为宝，一直珍藏。由此，他思考历史与现实，思考国家发展进程与农民的命运，思考共产党人奋斗的根本宗旨。《最初的年代》这首诗里，便融入了他的思考，具有厚重的思想分量，又是以画面感很强的画卷形式来表现的。《人民日报》发表此诗的当天，他打电话让我看看，读后我回电话给他说：如果要把一首诗改编成一部电视连续剧，人会当作笑话听，可是这首诗就能改编成一部电视剧。他对我的这个评价很是得意，后来几次对人讲我的这番“奇异之论”。

2011年11月20日，星期天。上午，我在家接到中国作协机要室电话，问雷抒雁手机，说温家宝办公室打来电话，总理要与雷抒雁联系。我把抒雁手机号告诉了机要室值班人员。中午时分，我打电话给抒雁，问总理是否与他联系了。他讲，上午正在院子散步，温家宝打来电话，问及他的状况，与他谈论诗歌，讨论艺术，两人还叙年庚，同年生，雷抒雁大温家宝一个月，总理客气地说抒雁是兄长。总理与抒雁的通话持续了40分钟，抒雁一边散步一边与总理交流，无拘无束，轻松惬意。其实，此前雷抒雁和温家宝之间有过一次通信，总理给抒雁的信以毛笔字竖写，也是讨论有关艺术问题。

六

2012年4月，中国诗歌学会在京召开换届会议，雷抒雁众望所归地当选为中国诗歌学会会长。

那时，他身体开始变差，人显得消瘦，还常伴有咳嗽。他曾作为鲁院常务副院长，主持鲁院工作多年，2003年手术，鲁院同志都为他牵肠挂肚，此后，他的健康问题就一直为鲁院所关注。我继任鲁院常务副院长，于公于私，于情于理，自然对他的健康状况格外上心。公费医疗报销有严格规定，他有些住院用药不在报销范围之内，我亲自找中国作协有关领导，请求把雷抒雁的治疗当作特殊个案对待，从职工福利渠道拨出专款，用以补贴抒雁的医疗费用。雷抒雁是中国诗歌届的旗帜性人物，是享受国务院特殊津贴的专家，中国作协领导对他一直非常关心照顾，从前任党组书记金炳华，到现任党组书记李冰，从作协主席铁凝，到有关部门负责人，都常常看望抒雁。2012 年 10 月，雷抒雁因胆囊炎住进北京协和医院，我带领鲁院两位副院长、办公室和工会负责人去看他。他告诉我，李冰书记刚离开病房，李冰书记说了一句别人不会说的话，却情真意切：“一位领导干部走了，后边马上会有人上来补缺，但一位优秀诗人要是走了，那是没有人能代替的。”抒雁转述此话，明白李冰书记是要他好好治疗，健康长寿，而他转述的口吻，幽默轻松，知他心里充盈着暖意。李冰书记的话没错，若是雷抒雁离开这个世界，那么他身后的中国诗坛，将留下无法填补的巨大空缺。

这次出院后，雷抒雁取消了一切活动，在家静养。2013 年 1 月 18 日，抒雁再次住进北京协和医院。当天，我和鲁院几个人去看望，发现他说话已经口齿不清，但见了我们，谈兴颇浓，说莫言，说诺贝尔文学奖，说文学人才的成长，还说了一些连我听去也感到吃力的话，全围绕着文学。他脑子清楚，而且异常活跃，但人已经很衰弱了。我制止他不要再谈下去，让他休息。我心里有一种不妙的感觉。

此后，我两次与他通电话，第一次他正在做雾化消痰，陪护的表妹告诉我他恢复尚好。次日再通电话，电话那头声音虚弱，但口齿清楚，说他马上回家过年。

2 月 5 日，他让家人接他回家。10 日，大年初一，他的病情突然加重，家人随即送他重入协和医院。2 月 14 日，正月初五，凌晨 1 时 21 分，雷抒雁永远闭上了眼睛。

雷抒雁病逝的消息，由我首先在微博上宣布：中国当代一位伟大的诗人离我们而去，一位天才中止了他的创造——雷抒雁于今日凌晨 1：21 在北京协和医院病逝，享年 71 岁。微博发出，网络上随即大量转发，各大媒体也发出消息。文学界和社会各界纷纷表示痛悼之情。在抒雁的灵前，我忍不住热泪长流。交往 45 年的一位朋友、兄弟，就此成为永诀！

以下是我在接下来的几天里发表的微博：

2013 年 2 月 17 日 19：17，悼抒雁：大雁去矣声犹在，小草萎兮春又生。

2013 年 2 月 19 日 22：18，雷抒雁明天上午九时起灵往八宝山，后天上午接受人们的送别。下午往抒雁家与马利商定，明天我去协和为抒雁护灵送行。晚九点回家，路上听交通台春晓的《蓝调北京》，本想放松心情，但广播里正播放大提琴曲《挽歌》，深情哀婉的琴声，更令悲从中来。天有感应，地有感应，人有感应，难道电波也有感应？

2013 年 2 月 20 日 10：16，雷抒雁遗体今晨九时，由协和医院移放八宝山福盛厅，在此接受亲朋好友吊唁。明日上午举行告别仪式。

2013 年 2 月 20 日 20：44，下午五时，八宝山东礼堂雷抒雁遗体告别现场布置完毕，明天诗人将在这里接受人们的送别，一个伟大高贵的灵魂将由此去往天国。

2013 年 2 月 21 日 19：23，今天，1800 人前往八宝山殡仪馆，为诗人雷抒雁送行。

2013 年 2 月 21 日 19：29，诗人雷抒雁躺在棺木内，安详、平静、从容。头前花瓣上，撒着鲜绿的小草。仿佛只是小憩，明晨，诗人还会醒来，继续他的歌唱。

2013 年 2 月 21 日 19：36，诗人雷抒雁灵柩前，摆放着几盆小草。昨天我看到遗体告别现场全是鲜花，提议添补小草。谢谢张秋利的团队，在市内许多花卉市场寻找，都是有花无草，直到下午四时，终于在一家花店寻得这种被称作幸福草的小草。

微博文章，能配照片的，我都配发了照片。这种新媒体，既能表达自己的哀思，又能与读者形成互动，与更多人一起同悼抒雁，心中稍稍获得些许告慰。

像 12 年前在火葬炉前捡敛抒雁母亲的骨灰一样，这一次，我又在炉前捡敛抒雁的骨灰。和我一起的还有抒雁的两个儿子——雷宇和雷阳，另一位是抒雁生前的忘年交——山西同治的张秋利。

骨灰是热的，等着慢慢变凉，这一过程，就像演绎生命从始到终的程序，抒雁的一生，我与抒雁全部的交往，在这一过程中全部涌现眼前。我想起抒雁曾在文章中写道："这是不能再生的消失，不像剃头，一刀子下去，你蓄了很久的头发落地了，光头让你怅然，但是，只要有耐心，头发可以再生出来。一个人死了，不会再出现，不会的。""死亡，是彻底的结束，如雪的融化，雾的消散，云的飘移，永远地没有了，没有了。"我们把那骨灰捡得很仔细，每一个小渣都没有遗漏。临了，我没有用镊子，而是用手，把抒雁的头盖骨，放置到一堆骨灰的顶端。这是最后的仪式，我用最亲近的方式，与抒雁道别。

2013年8月18日，雷抒雁诞辰71周年，夫人马利为抒雁举办了安葬仪式。马利邀请的人不多，但仪式办得庄严隆重。文学界好友只请了解放军文艺出版社原社长程步涛、人民大学教授牛宏宝和我。入土为安，雷抒雁生命的根，与他为之动情歌唱的小草的根，相织相挽着，深深扎入大地。

一座正面复制有诗人灿烂笑容的照片，背面镌刻着诗人手书《小草在歌唱》诗句的墓碑，耸立在郁郁葱葱的八宝山革命公墓。我相信，这座碑子，注定成为一段历史，一个时代文化记忆中的不朽景观。

2013年11月5日于课石山房

丰子恺："艺术"的逃难

陈　远

1937年，抗战爆发，画家丰子恺带领一家十几口，颠沛流离，直到抗战结束，才又回到家乡。

他是弘一大师李叔同的学生，与"生而知之"的马一浮相交莫逆。

泰戈尔说他的漫画是"诗与画的具体结合，也是一种创造"。

朱自清说："我们都爱你的漫画有诗意。"

巴金说他是个"与世无争、无所不爱的人"。

他有一所举世闻名的房子："缘缘堂"。

她是他最小的女儿，在众多兄弟姊妹中，唯有她继承了父亲的衣钵。

1937年，抗战爆发，侵略者打到他们家乡，丰子恺被迫停下了画笔，那一年，九岁的丰一吟跟随父亲，开始了逃难之旅。

去逃难

如今的丰一吟有一大堆头衔：上海作家协会会员，上海翻译家协会会员，上海市文史研究馆馆员……但是她在晚年，做得最重要的一件事，就是关于父亲丰子恺的研究。

说起逃难，丰一吟一声长叹：“唉呀——”

但是，当年只有九岁的丰一吟，并不懂得大人们的忧愁，“小孩子并不害怕苦难，吃得差一点都无所谓，倒是觉得游山玩水很好玩”。

1937 年的那一天，丰一吟还在学校上学，日本人的炸弹从天空丢了下来。

“吓死人了，我一边哭，一边赶紧往家跑。”在她身后不远的地方，就有炸弹掉下来。“那时候的炸弹威力没有那么大，否则根本跑不过。”丰一吟向《中国周刊》记者回忆当年的情景。

回到家，家里没有人，丰一吟哭着到处找人，发现一家人都躲在桌子底下，头上顶着棉被，父亲把棉被挑起一个角，把她叫了过去。

两个小时之内，丰子恺居住的石门镇上，被炸死三十多人。

谁愿意背井离乡？可是石门镇不能再住了。“爸爸又懂日文，如果留下来，不堪设想，他宁可带我们去在自己的国土上流浪，也不愿当亡国奴。”

傍晚，凑齐了的家人被亲戚家的船接到了离石门镇不远的南圣浜。

也就是在南圣浜，"爸爸收到了马一浮先生的信，邀请他到那里去"。

这封信让丰子恺有了方向——去桐庐投奔马一浮。

"一家老小，六个孩子，爸爸妈妈还有外婆和离婚的姑妈，十个人。"丰一吟说。

"可是并不止这些人，还有一些亲戚，还有我们祖上染坊店的学徒章桂，他在我们逃难的路上起了大作用。"她随后对《中国周刊》记者补充。

船是南圣浜附近一个村子里的人的，那家人有两个儿子，"一个跟着我们逃，一个留在家里。爸爸说：这就好像两笔财产，一笔存在银行里，一笔用来投资，总有一笔可以保住"。

第二天

傍晚出发，第一夜，一群人在船上度过。

半夜里，丰子恺忽然想到身上带的《漫画日本侵华史》的画稿，这是在缘缘堂的时候就打算画的，没有画完，稿子一直带在身上。"爸爸觉得，如果被日本人发现，他死还不要紧，还会连累家人和亲友，就忍痛把画稿扔到了水里。"后来，丰子恺对女儿说："我平生还是第一次把自己的画稿扔掉。"当时，几个孩子还在梦乡。几十年后，丰一吟这样回忆："我想，爸爸在扔画稿的时候，是非常心痛的。后来有几次他想把扔掉的画稿画完，但是都没有成功。”

第二天清晨，到了杭州的拱宸桥，然后到六和塔去换船。拱宸桥到六和塔，三十里路。丰一吟和外婆，一老一小，成了问题。

丰子恺去找人挑行李，找不到，只好让一个亲戚把行李带了回去。难得的是，兵荒年月，竟然让丰子恺找到一顶轿子。“外婆的问题解决了，我走不动的时候，章桂哥就背背我。”丰一吟告诉记者。

到了六和塔，在一个茶馆里暂时歇息，丰子恺开始想办法找船。茶馆老板推荐了一条船，但是价钱贵得不得了。

一家老小在茶馆里等，丰子恺自己出去叫船。

丰一吟还记得当时的情景：“茶馆里的人就有些讨厌我们啦，说要关门了，赶我们走。结果只让外婆这样年纪大一些的留在茶馆里，没办法，我们只好走出茶馆来等爸爸。”

幸运的是，丰子恺碰到一位姓赵的巡长，那位赵巡长并不知道丰子恺的名字，只是心地善良，听丰子恺说又有老又有小，就给了他一条已经查封了的船。

“爸爸回来的时候，觉得茶馆的老板人太凶，有些可恨，可是走的时候，看到茶馆老板的棉袄也是破的，爸爸又很同情他。”

找到了船夫，又开船了。

开始讲好的价钱，但是走到一半，船夫就把船停了，说船费不够，要加钱，凭空加了一半。丰子恺很恼火：“怎么能这样？”

船夫不管，不加钱便不走。当时一起逃难的封平玉，一边跟着船夫说好话，一边答应他的条件，船夫才继续开船。

丰子恺问："你要拿那么多钱给他？"

封平玉悄悄说："我有计策，到桐庐发表。"

夜里十一点多，桐庐到了，旅馆都是驻兵，丰子恺一家人找不到地方住，只好去找马一浮。

"这个时候，又这么晚了，而且又是这么一大家人，去打扰马一浮先生，爸爸很不好意思。"马一浮并不介意，立刻安排丰家一行人住下。

当地国民党的官员知道马一浮是个非常有学问的人，派了人在马家门口站岗保护。那个船夫一看这阵势，心里就有些发憷。

这时候，封平玉一下子抓住船夫的衣服，对马一浮说："这个人敲我们的竹杠。"

船夫马上求饶。

丰子恺看到船夫的衣服一下子就被抓破了，心里又很可怜他，就说"算了算了"，按原价付了船费，让船夫走了。

欢乐与别离

在马家住了一夜，不好多打扰，丰子恺拜托马一浮为他们租个房子。

在离桐庐不远的河头上，马一浮的门人帮丰子恺找到房屋。

离开的时候，还是坐船。船上的旗子是马一浮写的字。“父亲是很崇拜马先生的，他说他恨不得把那个旗子拿下来收藏了。”而丰子恺名片上的名字，就是用马一浮给他写信时的字印上去的。

不久，马一浮搬到了离河头上很近的汤庄去住，丰子恺三天两头到汤庄去，和马一浮谈天说地，后来丰子恺专门写了一篇《桐庐负暄》来记述那段时光。

“我们小孩子在那里过得很快乐，我和两个哥哥，常常跑到山上去，采一些果子，把果子放到水缸上，两个哥哥用弹弓射击水果。”丰一吟回忆。

丰子恺在那里遇到很多崇拜他的人，比如房东就坚持不肯收房租，还说：“要不是日本人作乱，我们如何能请得到你们来住。”

他们请丰子恺喝自己酿的酒，彼此之间的关系很融洽。

在桐庐，丰子恺收到了长沙开明书店朋友的来信，邀请他去长沙。说起开明书店，丰一吟亲切地对《中国周刊》记者说：“那是我们的‘外婆家’。”

“爸爸和开明书店的关系是非常深的，哪里有开明书店，我们到哪里就有招待我们的地方。”丰一吟解释说。

日本兵打到了杭州。丰子恺又不得不离开了。

2007 年，丰一吟又去了桐庐，七十年后，那个房子竟然还在。

离开杭州时，学徒章桂派上了用场。

因为钱已经花得差不多了，丰子恺让章桂到杭州的银行去取一笔还没有到期的存款。但银行说存款没有到期，需要一个保人。“那时候，章桂哥到哪里去找保人呢？他只好回来。”

章桂回来时，杭州已经非常混乱，顾不了那么多，只好不管存款了，先去逃难。

听说我们去长沙，大家都说带着七十多岁的外婆无法成行，劝我们把外婆留在那里，由他们帮我们照顾。争得了妻子的同意，丰子恺决定暂时把外婆寄宿在桐庐。

孩子们年纪还小，不懂得大人们的忧虑和难处，但是对外婆都是有感情的。丰一吟记得:“那一天，我们很悲惨地就分别了。”

相遇曹聚仁

离开了桐庐，一路走到兰溪。

到了兰溪，发现交通并不困难，“妈妈不停地落泪，我们小孩子们也都觉得缺少了一个人”。在旅馆住下，丰子恺决定把外婆接来。“是章桂哥去接的，妈妈和大姐到车站等他们回来。”

当时的旅馆，旅客登记之后，旅店会把旅客的名字挂在柜台上方。

丰子恺为了避人耳目，就用了曾经在学校中用过的名字“丰仁”。

碰巧丰子恺在浙江一师的同学曹聚仁也住在那家旅店，看到丰子恺的名字，就去房间找他。据章桂回忆，曹聚仁不赞同丰子恺怕暴露身份的做法，反而劝他把“丰子恺”的名号打出去，最好再印些名片。

丰子恺听了，觉得有道理。在曹聚仁的帮助下，丰子恺加急印了名片。果然，章桂拿着丰子恺的名片去兰溪的银行取钱，没用保人就取了出来。

当天晚上曹聚仁请老同学吃饭，不想吃饭的时候，两个人却翻了脸。

原因是曹聚仁在饭桌上讲了一个故事：“一家人坐汽车，结果汽车不小心开到了湖里，一家人全都死了，这样很好呀。”

也许说者无心，但听者有意。丰子恺那样的情形，听了这样的故事，觉得老同学在暗示自己什么，非常不高兴。

后来曹聚仁又问：“你们家的孩子有几个是学艺术的？”

丰子恺回答：“一个也没有。”曹聚仁说：“这样很好，很好。”

这又让丰子恺很不高兴，因为他觉得，艺术是可以救国的。

后来丰子恺还专门写了文章反驳曹聚仁。“爸爸说是击鼓骂曹。其实曹先生说那些话，也不一定是有心。”丰一吟说。

老同学不欢而散。

告别了曹聚仁，一家人一路流离，到了江西。路过萍乡的时候，因为工作人员查票，章桂和工作人员发生了争执，引来了站长。

丰子恺递上名片，站长一看，非常客气。攀谈中，站长得知丰子恺有学生在萍乡，学生家在当地属于望族，站长正巧认识。在站长的帮助下，丰子恺和他的学生见了面。

那时候，已经是1937年的春节了，丰子恺一家被挽留在萍乡过了春节。

就是在萍乡，丰子恺的同学从家乡带来消息：缘缘堂被烧毁了。丰子恺非常气愤，一连写了三篇文章，以告缘缘堂在天之灵。

在萍乡只有短暂的逗留，然后是武汉，也是短暂的逗留，武汉也紧张起来。

正好此时，桂林师范学院邀请丰子恺到那里教书。

在桂林

广西当时号称"模范省"，所有的公务人员都穿制服。丰子恺还曾经买过一套穿。

开始，一家人住在旅馆里，但住旅馆不是长久之计。

后来搬到桂林的泮塘岭去住。丰子恺教书的学校在乡下，从泮塘岭到学校，还要走很多路。这时候，丰子恺的妻子已经有了身孕，丰一吟和大姐陪着妈妈。

有一次丰子恺去上课，回来的路上，碰到正去叫他的章桂，妻子要生了，是难产，要丰子恺赶快赶到医院去签字。

也算幸运，正好碰到一辆小汽车从那里路过。但车上人已坐满，“爸爸挤在司机的靠背上，屁股靠着司机，人弯成S型”。丰一吟事后听爸爸给她讲赶来医院的故事。

到了医院，医生问丰子恺：“如果不能全保，保大还是保小？”

丰子恺没有犹豫：当然保大。

结果大小平安。孩子生出来了，脚先出来，被医生拉了一下，生出来脚是瘸的。医生说没关系，以后会好。

后来果然没事。

“可惜这个比我小九岁的弟弟，比我去世的还早。”丰一吟有些惆怅地告诉《中国周刊》记者。

刚出生的弟弟回家了。

房子的条件很差，弟弟和妈妈住的那一间房子是用牛棚改造的。

对于儿子住牛棚，丰子恺说：“很好，将来他的气力大得像头牛。如果笨得像头牛，也不要紧，中国的聪明人太多了。”

六十年之后，杭州电视台和桐乡电视台要拍父亲当年逃难的路，丰一吟和大姐故地重游。当年住过的房子，已经不在。但是隔壁人家的房子还在，布局和他们当时住的房子完全一样，也有那样一间牛棚。

丰一吟想起过去的时光，还拍了照。

苦难不值得怀念，但值得铭记。

又是一次分离

因为战争的缘故，浙江大学当时迁到了宜山，邀请丰子恺去教书。一家人就到了宜山。

宜山的警报依然多得不得了，丰一吟曾经写文章回忆：宜山用警报迎送我们。

有一次警报特别厉害，丰子恺看到有的人刚刚还在身边，转眼就被炸弹炸死了。

为了安全，丰子恺干脆每天早上起来，带着一锅稀饭，还有报纸和书，抱着小儿子，跑到很深的山里去躲。

但是外婆年纪大了，没有办法跑警报，宜山的警报又实在太多，丰子恺把外婆和几个年龄比较小的孩子转移到思恩（现在的环江），他自己带着几个大的在宜山。

宜山的情况越来越不好。

后来桂林轰炸得厉害，浙大之前本来就打算迁往云南，但是形势紧急，来不及组织了，只好与教职员约好在贵州都匀集合，“大难临头各自飞”。

丰子恺又要带着一家人流浪，“艺术”的逃难再一次开始了。

在思恩的孩子们忽然得到爸爸带来的消息：已经找好了车，明天经过德胜，让我们从思恩出发，一家人第二天在德胜会面，继续逃难，去贵州都匀。

当天晚上，大人带领着孩子们，收拾好了行李。

第二天到了德胜，丰子恺却迟迟没来。

见了面才知道，找好的车虽然收了订金，第二天却失约了。丰子恺和另外一家的行李都已经收拾好，在路边等了很久，眼看警报马上就来了。

没有办法，丰子恺决定化整为零，分别给了三个大一点的孩子一些钱，让他们各自赶去都匀。让他们无论谁先到了，就在车站和邮局贴纸条，以便后到的人可以找到他们。

三个孩子陆续都搭上了车，剩下丰子恺一个人。

再等，没有时间了。丰子恺步行逃离宜山。

丰子恺后来告诉小女儿，一开始他打算走到怀远，看看是不是能找到代步工具。四十五里路，丰子恺一路走过去。

经过思恩，丰子恺很奇怪：以前他送孩子们到思恩时，思恩是热闹的，怎么此时静悄悄？一问人，那里是紧急警报。

车搭不上了，丰子恺一直走，晚上的时候，走了九十里路，到了德胜。

外婆、妈妈和孩子们在车站等不到人，只好把行李搬到旅馆。

丰子恺到了德胜，一打听就找到了他们。孩子们都睡下了，丰子恺一到旅馆，就大喊"我来了！我来了！"，接着又跟旅店老板喊："快给我烫一壶酒来！"

孩子们让爸爸钻进被窝里，妻子给他打来洗脚水。一家人说着彼此的情况。

"这时，从出发逃难时的十六个人，只剩下七个人：爸爸、妈妈、外婆、姑妈、二哥元草、我，还有出生不久的弟弟。"

第二天，七个人又去车站，但是一家人老的老，小的小，根本挤不上车。结果，碰到有浙大的学生在车上，在学生的帮助下，终于让姑妈和元草挤了上去。

还是老办法：谁先到贵州都匀，就在车站邮局贴条子，以便让后到的人能找到。

"这下子，只剩下了我、妈妈抱着婴儿、外婆、爸爸。一家人又分开了。"丰一吟对《中国周刊》记者回忆。

"艺术"的逃难

叫了四顶轿子，妈妈和婴儿合坐一顶。走了三天，到了河池，走不动了。

河池虽然没有警报，但是日本人终究还是要打来的。

河池旅店的老板知道丰子恺，老板对丰子恺讲：“你别急，我们住在乡下，日本人一旦打来的话，你就跟我们去乡下住。日本人不敢到乡下去，那里有山，还有游击队。”

丰子恺说：“也只好这样，那边的人也管不了许多。”

老板听丰子恺说留下来，倒是很高兴，趁机求画：“我父亲今年七十岁，您能不能给我父亲写副对联做寿？”

看丰子恺答应了，老板赶紧去买了纸来，是那种刷金的纸，不吸水，丰子恺写好后，就要拿到茶房门口晒。

老板说：不行，要是给人踩坏怎么办？

“没关系，我到门外看着。”丰子恺回答。

丰子恺搬了把椅子坐到了门口，有个人在那里路过，一看这不是丰子恺的字吗？墨迹还没有干，丰子恺肯定就住在这个旅馆里，就找到旅店来。

来人自报家门说是加油站的站长，可以帮丰子恺解决车的问题。当天晚上，站长拿了纸笔找丰子恺求画。

丰子恺马上给站长画了一幅。

第二天，站长没有食言，真的来了。站长对丰子恺说，这辆车本来是准备他自己的家眷逃难的。站长让丰子恺他们先走，自己的家眷则晚一点走。

章桂后来在回忆文章中说，丰子恺带领一大群人逃难是“艺术”

的逃难，真的就是丰子恺艺术家的名望，给逃难的路上带来非常多的便利。

自己的房子

一路到了都匀，一下车，赶紧在邮局找纸条。

1938 年 12 月 1 日，大家终于团圆了。

浙江大学在都匀的时间不长，大概只有一个月，之后搬到了遵义。丰子恺一家也就跟着到了遵义。

遵义没有警报。丰子恺一家人在遵义住到 1942 年年底。

"在遵义，住了两个地方，一个是罗庄，一个是狮子桥。"后来丰一吟重回遵义，当年他们住的那些地方都不在了，但是邻居还在，"他们还给我看当年父亲给他们画的画"，丰一吟说。

在遵义住了四年，丰子恺一家人到了逃难历程中的最后一站——重庆。丰子恺的朋友陈之佛在那里办国立艺术专科学校，写信邀请丰子恺去教书，因为两个子女都在重庆中央大学读书，丰子恺就辞去了浙江大学的教职。

到了重庆，一家人先是住在陈之佛家里，后来租房子，最后，丰子恺干脆自己造了一个房子，房子很简陋，是丰子恺自己设计的。

扎些篱笆，涂些泥巴，就是他们的围墙。"泥地，老鼠在里面钻来钻去。虽然跟缘缘堂没法比，但是父亲很喜欢。”丰一吟还记得当时丰子恺的心情。

“1945 年，抗战胜利了，我们却回不来，飞机，轮不上我们，轮船，我们买不到票。直到 1946 年 9 月，我们才回到了家里。逃难的故事，就讲到这里吧。”

刘文典:“狂”名满天下

王开林

顶撞蒋介石却全身而退

1928年，刘文典出狱不久，即前往苏州拜访恩师章太炎，后者抱病接见，这是很高的礼遇了。两位以轻狂高傲著称的学者要惺惺相惜并不容易。章太炎是海内文章之伯，天下学问之雄，他绝对不会放低身架去敷衍一名庸常弟子。临别前，章太炎欣然命笔，为刘文典题写一联:“养生未羡嵇中散，疾恶真推祢正平。”嵇中散是嵇康，三国魏末的诗人和音乐家，曹魏宗室的女婿，对司马氏政治集团抱有恶感，坚持不合作态度。他崇尚老庄，喜言养生服食之事，富于正义感和反抗性，“非汤武而薄周孔”，对封建礼教视之蔑如。嵇康的养生观是“任自然以托身”、“无措是非”、“神形相亲”、“与万物和”。章太炎说

“未羡”，是因为嵇康知行脱节，过于逼近险恶的政治旋涡，结果死于非命。祢衡字正平，东汉末期的文学新锐，他全裸出镜，击鼓骂曹，堪称古代行为艺术的巅峰之作，因此狂名播九州，成为史上疾恶如仇的头号典范。章太炎以祢正平比作刘文典，颇有孔融推许祢衡之意。

祢衡骂曹操是“奸贼”，不久就踏上了黄泉路，直接杀害他的尽管是刘表的大将黄祖，但那也是曹操耍了借刀杀人的心计。刘文典骂蒋介石为“新军阀”，居然寄头于颈，总让人捏一把冷汗。毕竟时代不同了，草菅名士的血腥妖氛已有所淡薄。

1928 年 11 月，安徽大学爆发学潮。蒋介石以国民政府首脑身份亲临安庆，施行弹压。他专门召见相关人员，痛加训斥，指出这次学潮是“安徽教育界之大耻”。刘文典担任安徽大学校长，自然首当其冲。可他并不知“罪”，见到蒋介石只称“先生”而不称“主席”，扫了对方颜面。更出格的事情还在后头，蒋介石寒着脸要刘文典交出学生领袖名单，必须对罢课分子严惩不贷。刘文典根本不买账，还将蒋介石顶上南墙：“我不知道谁是共产党。你是总司令，就应该带好你的兵。我是大学校长，学校的事由我来管。”这真是针尖对上了麦芒。蒋介石恼怒不已，当众拍桌，声色俱厉地大骂：“你是学阀！”刘文典素性恃才不羁，也戟指回击：“你是新军阀！”蒋介石集军政大权于一身，岂容手握笔杆子的文弱书生挑衅他的戎威？盛怒之下，杀气腾腾，不仅掴了刘文典两记耳光，还以“治学不严”的罪名将这位名士关进监狱，并且发出死亡威胁。

刘文典身陷囹圄，性命危在旦夕。好在全国学界和新闻界并非万马齐喑，“保障人权”、“释放刘文典”的呼声随之而起，安徽学运也有余烬复燃之势。蔡元培出面力保这位早期同盟会员、孙中山的老秘书，陈立夫也从中斡旋，蒋介石迫于舆论压力，这才以“即日离皖”为条件，释放了刘文典。

蒋介石的两记耳光确实响亮，刘文典的名声也因此响了起来。蒋介石的偶然之举成就了狂士刘文典的一世英名，正与曹操的必然之举成就了狂士祢衡的千古流芳一样。当然，话得说回来，倘若刘文典的学问不入流，蒋介石再怎么发飙也帮衬不了他。《淮南鸿烈集解》是刘文典的首项学术成果，用力久而勤，取法严而慎，胡适为之作序，称道它“岂非今日治国学者之先务哉”,“最精严有法”。刘文典将《淮南子》这部久被忽略和误读的古书刮垢磨光了，令学术界为之一惊，他的声誉和地位也因此确立。刘文典的独门绝学是《庄子》研究，他在大学里开设这门课程，起头儿貌似谦虚，实则轻狂:“《庄子》嘛，我是不懂的喽，也没有人懂!”这样藏着掖着讲话不过瘾，终于他还是忍不住，放出大话来:“在中国真正懂得《庄子》的只有两个半人。一个是庄周，还有一个是刘文典。至于那半个嘛……还不晓得是谁。”陈寅恪为刘文典的《庄子补正》作序，写道:“先生之作，可谓天下至慎矣……然则先生此书之刊布，盖将一匡当世之学风，而示人以准则，岂仅供治庄子者之所必读而已哉!”《庄子补正》成书于1939年，学术界至今允为杰构。除此之外，刘文典对《昭明文选》和杜诗也颇有研究。

校勘古籍讲求字字皆有来历，刘文典出书，校对从不假他人之手。他致信胡适，坦诚相告：“弟目睹刘绩、庄逵吉辈被王念孙父子骂得太苦，心里十分恐惧，生怕脱去一字，后人说我是妄删；多出一字，后人说我是妄增；错了一字，后人说我是妄改。不说手民弄错而说我之不学，所以非自校不能放心，将来身后虚名，全系于今日之校对也。”他征引古人的注释，特别强调查证原文，避免以讹传讹、灾梨祸枣。

看得起陈寅恪，看不起朱自清、沈从文

诚然，狂傲者若无充足的底气，最多也只能浪得虚名，但沦为笑柄的可能性更大。狂傲者若有真才实学，他发作起来，别人未必舒服，但也只能忍气吞声。刘文典眼高于顶，却并非目中无物，他早年师从国学大家刘师培，精研《说文解字》和《文选》，对前辈学问家章太炎和同辈学问家陈寅恪低首下心，知所恭敬。除此之外，能入他法眼的文人学者不多。在西南联大教书时，刘文典公开承认他的学问不及陈寅恪的万分之一，还告诉学生：“我对陈先生的人格、学问不是十分敬佩，是十二万分敬佩。”他宣称，西南联大总共只有三个教授：陈寅

恪一个，冯友兰一个，他和唐兰各算半个。试想，西南联大差不多集结了全国的学界精英，他自鸣得意的“三个教授论”会得罪多少同行?

刘文典最看不起从事新文学创作的诗人、小说家，认为“文学创作的能力不能代替真正的学问”，巴金、朱自清和沈从文在他的心目中全是跳蚤过秤——没斤没两的。当年，空袭警报一响，教师和学生就要赶紧疏散到昆明郊外，美其名曰“跑警报”。跑警报时个个只恨爹妈生的腿短，哪顾得上什么斯文气象?有一回，刘文典慌不择路，冷不丁发现“山民”沈从文的脚力极佳，倏忽间就如脱兔般抢到前面，成了领跑员，他立刻面露不悦之色，对身边的学生说:“陈寅恪跑警报是为了保存国粹，我刘某人跑警报是为了庄子，你们跑是为了未来，沈从文替谁跑啊?”西南联大给沈从文发教授聘书，刘文典更加不悦，当众吼吼有声:“陈寅恪才是真正的教授，他该拿四百块钱，我该拿四十块钱，朱自清该拿四块钱。可我不给沈从文四毛钱!他要是教授，那我是什么?沈从文是我的学生，他都要做教授，我岂不是要做太上教授了吗?”沈从文讲授的语体文写作，在刘文典看来，简直就是小儿科，难登大雅之堂。好在沈从文生性谦和，克己忍让，对刘文典的轻侮之词并没有抗辩的意思。但闻一多是火烈性情，爱打抱不平，可咽不下这口气。

1943年春，刘文典受普洱大盐商张希孟之邀，为张母撰写墓志铭。当地士绅还玩出一个大忽悠:普洱素有“瘴乡”之号，世人心存畏惧，不肯前往。他们请刘文典去考察一番，作几篇游记，说明“瘴气”并非水土空气中含有毒质，只不过是疟蚊作祟罢了，现代医学完全可以预防。如此一来，消除了“瘴乡”之名，其他学者方肯前来，地方财源亦可得开发。刘文典没想那么多，只图求一大笔酬金和十两上好的“云土”，也不向时任清华大学中文系主任闻一多打声招呼，就擅自旷教半年，这可是玩忽职守。闻一多征得联大文学院院长冯友兰的支持和同意，以讥讽的言词（“昆明物价涨数十倍，切不可再回学校，试为磨黑盐井人可也”）写信通知刘文典正式收回联大寄发给他的聘书，就这样兵不血刃，将这位名教授扫地出门了。联大中文系教授王力等人曾为刘文典求情，力陈老先生从北平辗转南来，宁死不做汉奸，爱国之心不后于人。闻一多却不肯让步：“难道不当汉奸就可以擅离职守，不负教学责任吗？”刘文典纵然放低身架，答应雨季之后回校授课，下一学年增加课时以为弥补，也扭转不了既成事实。他走的最后一步棋是给清华大学校长、西南联大常委会主席梅贻琦写信，为自己的旷教行为作出辩解：

“典虽不学无术，平日自视甚高，觉负有文化上重大责任，无论如何吃苦，如何贴钱，均视为应尽之责，以此艰难困苦时，绝不退缩，绝不逃避，绝不灰心，除非学校不要典尽责，则另是一回事耳……”

过了将近两个月，梅贻琦才以短信回复，只是敷衍一番，并无半词挽留。万不得已，刘文典含垢忍辱，从此改换门庭，应熊庆来之邀，去云南大学文史系屈就教席。

有人说，刘文典丢掉西南联大好端端的教授，固然是闻一多强势发难所致，其自身的嗜好也起了相当大的负作用。刘文典是瘾君子。在北方时，他吸纸烟已到烟不离嘴的程度，上课时，烟卷黏在唇边，丝毫不妨碍他传道授业解惑。他乘清华大学校车进城，一手持古书，二指挟香烟，聚精会神，烟屑随吸随长而不除。1931 年，刘文典的长子刘成章（辅仁大学学生）参加北平学生运动，因体质羸弱，连夜挨冻，沉疴不起，呕血数升而亡。祸不单行，刘文典的两个兄弟客死湘西，老母也在故乡物化。他到云南定居不久，新住宅又被炸成废墟。这一连串变故霜雪交加，刘文典的意志日益消沉，与鸦片结下了难分难解的孽缘。教授的薪水不够支用，他就为当地的土司、军阀和官僚撰写碑文、墓志、寿序和贺表，丰厚的润笔费只为烟灯长燃。若非磨黑云土的诱惑使他流连忘返，他也不会丢掉西南联大的教职。抗战胜利后，南迁的名牌教授鲜有不北归的，刘文典却不肯挪窝，盖因昆明的天气和云南的烟土使他寸步难移。有促狭鬼为刘文典取了个“二云居士”的绰号，倒也贴切，“二云”指云南火腿和云南烟土，都是刘文典的恋物，他是万万舍不得撂下的。

刘文典猿清鹤瘦，面貌黧黑，两颧高耸，双颊深窝，不知底细的人以为他长晒日光，实则鸦片烟为他“美容”所致。魏晋人物神傲形羸，褒衣博带，好食五服散，弄得人不像人，鬼不像鬼，瘾君子刘文典庶几近似之。

讲课出神入化，学生如入梦境

西南联大的教授会讲课的不少，但像刘文典那样把课讲得出神入化的并不多。他深得学生的欢心和敬意，这样的效果无人可以否认，连他的冤家对头也讲不出微词。他语出惊人，教学生做文章，紧要处全在“观世音菩萨”五字，镇得学生一愣一愣的，对其深意却大惑不解。他把学生嗷嗷待哺的模样看饱了，这才揭开谜底：“‘观’，是要多观察；‘世’，是要懂得世故；‘音’，是要讲究音韵；‘菩萨’，是要有救苦救难大慈大悲的菩萨心肠。”这个解释通达明晰，学生豁然开朗。刘文典于“观世音菩萨”五字上心得几何？他胸无城府，不够圆滑，张嘴就会得罪人，至少在“世”字上是颇有欠缺的。但这也正是他一介书生真情至性的地方。

清华教授吴宓好学不倦，只要时间上安排得过来，同侪中谁的课讲得好，他就乐颠颠地跑去当“旁听生”。吴宓服膺和欣赏刘文典的学问，总是稳稳当当地坐在教室的最后一排。刘文典讲课，闭目时多，讲到得意处才会睁开眼睛，向后排张望，照例问一句：“雨僧兄以为如何？”吴宓则如弟子乍闻师命而起，神情十分恭敬，一面点头一面回答：“高见甚是，高见甚是！”此状是教室中的一景，不仅学生为之窃笑，刘文典也颇感畅怀，为之莞尔。

有道是：一物降一物，一物克一物。刘文典狂傲，别无所怕，却怕和尚打脑袋。在清华任教时，刘文典去香山寺查阅佛经。该寺藏书阁悬有禁条，非佛教人士，不准借读。借读者不得携书出寺，必须在寺内念经堂正襟危坐，且不得以手指沾口水翻阅书页，一律用寺院制作的篾子翻看，违者受罚。刘文典是名学者，寺中和尚法外施恩，准予借阅，阅前老和尚照例介绍了一通规则，刘文典无不允诺。和尚去后，他静坐读经，因车马劳顿，困倦袭人，难以久撑。室内有一张空榻，他持书侧卧，片刻即入黑甜乡中，手中佛经掉落地上亦浑然不觉。半个时辰过去了，刘文典正在梦境逍遥游，忽然听见叫骂声，头面还受到扫帚扑打，睁开眼来，只见老和尚怒形于色，一边扑打，一边斥责："您言而无信，竟把佛经丢在地上，真是亵渎啊！"刘文典又窘又急，一面老实认错，一面抱头鼠窜。无奈佛堂四方扃闭，他既逃不出，也不想逃出，外面香客甚多，被追打更无地自容。他苦苦求饶，终得宽恕。老和尚见刘文典甘心挨打，名教授的架子丢到了爪哇国，也就当堂赦免了"罪人"。诚可谓不打不相识，刘文典和老和尚成了好友，在清华园他还设素斋招待过这位方外之交。多年后，刘文典重提旧事，对人大谈心得："我的脑袋虽然不太高贵，但也不是任何人可以打的。但这次挨打应该，君子不可轻诺寡信！"狂傲之士肯讲道理，肯遵守游戏规则，这就显出可爱之处来。

教师爷诲人不倦，最忌心不对口，真要做到知行合一却殊非易事。刘文典讲庄子《逍遥游》，主张出世是其主调，可也有例外。有一次，他把话题扯远了，谈到世间的不平等，忽然慷慨激昂，义形于色，甚至把习惯半眯半闭的眼睛也大大地睁开。他举的例子很切近，许多人坐黄包车，与车夫的地位太不平等，这种社会现象是最要不得的。学生们都感到惊讶，在下面交头接耳，刘教授今天怎么突然入世了？是不是吃错了药？下课了，同学们目送他踽踽而归：出了校门，一辆人力车赶过来，他从容入座，车夫拎起车把就向西边跑去。大家相视而笑。这种世间最要不得的现象看来短期内是消除不了的，何况车夫要吃饭胜过要平等。

在西南联大，刘文典开设的《庄子》课程上座率高，《文选》也有不少"粉丝"。他上《文选》课，弄出行为艺术的味道，一壶酽茶要泡好，一根两尺长的竹制旱烟袋也不可缺，文章的精义不仅是明白细致讲出来的，也是巧言妙语暗示出来的。拖堂是他的习惯，学生并不厌烦，乐得听他高谈阔论。木华的《海赋》形容惊涛骇浪，汹涌如山，刘文典讲解此赋，考问学生看到了什么特异的东西，大家凝神注目，以福尔摩斯探案的劲头寻找蛛丝马迹，结果发现整篇《海赋》中百分之七八十的字属于"氵"旁。刘文典顺势提点道：姑且不论文章好不好，你们光是看它水意泱然，就宛如置身其境，能够感觉到波涛澎湃，瀚海无涯。

有一次，刘文典破例只讲了半小时的《文选》，就收拾讲义，当堂宣布："今天到此为止，下星期三晚饭后七时半继续上课。"下星期三是什么日子？是阴历五月十五。刘文典选择这个晚上讲解谢庄的《月赋》，可谓大有深意，老天爷也赞赏他的奇思妙想，以晴煦无云来配合。学生遵嘱在室外摆上一圈椅子，刘文典居中而坐。"白露暖空，素月流天"，"日以阳德，月以阴灵"，他念念有词，细细讲解，众人或抬头望月，或低头顾影，心领神会，快莫大焉。高潮处，刘文典吟诵道："美人迈兮音尘阙，隔千里兮共明月；临风叹兮将焉歇？川路长兮不可越。"众人击掌而和，仿佛小小的音乐会，气氛之热烈前所未有。对许多人来说，这样的享受真是不可多得，做梦也不容易梦到它。

说到梦，自然是红楼梦最能养人，一众红学家全靠这部小说糊口。刘文典原本不是红楼中人，只因他听了吴宓的《红楼梦》讲座，不表同意的地方居多，于是灵机一动，也客串一回红学家，开个讲座，唱唱对台戏。刘文典的号召力不小，教室装不下太多的听众，联大的广场就成了他的讲坛。一支蜡烛，一副桌椅，寒碜了点，学生席地而坐，不以为苦，反以为乐，又何尝不是战时作风。刘文典身着长衫（他的长衫特别长，扫地而行），款款入座，女生斟上香茗，他满饮一杯。前戏做足了，他这才昂然而起，一字一顿地念出开场白："只、吃、仙、桃、一、口，不、吃、烂、杏、满、筐！吃仙桃一口足矣。我讲《红楼梦》嘛，凡是别人讲过的，我都不讲；凡是我讲的，别人都没有讲过！今天跟你们讲四个字就够！”太牛了，一部《红楼梦》，居然四字以蔽之。这四字是“蓼汀花溆”。他的讲解用上了音韵学。“元春省亲大观园时，看到一幅题字，笑道：‘花溆二字便妥，何必蓼汀。’花溆反切为薛，蓼汀反切为林。可见当时元春就属意薛宝钗了。”此说一出，下面立刻“哦”的一声，众人仿佛醍醐灌顶，全开了窍，《红楼梦》的主旨迎刃而解，要义也昭然若揭。

我是中国人，为什么要离开我的祖国？

名师必有高徒，刘文典的得意门生是陶光。若论请教之勤，待师之敬，陶光的表现绝对是刘文典其他弟子远远不及的。但有段时间，陶光因故未去师门走动，不免愧疚于心，他深知刘文典的脾气，不赔礼道歉恐难过关。然而事情比料想的更严重，刘文典见陶光登门请安，也不问青红皂白，劈头盖脸就是一顿臭骂，“懒虫”，“没出息”，“把老师的话当耳旁风”，难听得很。陶光先是忍耐，但被尊师当成庸奴辱骂，着实难堪，脸色就渐渐阴沉下来，眼睛里也有了愤怒。刘文典掌控局面的能力极强，他瞅准火候，用力拍桌大吼：“我就靠你成名成家，作为吹牛本钱，你不理解我的苦心，你忍心叫我绝望吗？”口气至此硬极而软，倒有些可怜的成分。陶光简直不敢相信自己的耳朵，恩师竟把自己当成“吹牛本钱”，期望之殷溢于言表，不禁大受感动。他搀扶恩师坐下，又是沏茶，又是捶背，一面解释，一面道歉，两人和好如初。后来，刘文典出新著，特意让陶光题签。古有将相和，今有师生和，同为美谈佳话。

在西南联大时，李埏曾向刘文典借阅《唐三藏法师传》，开卷即可见此书的天头地脚及两侧空白处布满批注，除中文外，还有日文、梵文、波斯文和英文，知识之渊博，治学之严谨，令人叹为观止。有趣的是，李埏还在书页中发现了一张刘文典用毛笔勾画的老鼠，好奇心怂恿他请恩师解释缘由。刘文典闻言，乐不可支，叙说他在乡下读书时的情形，没电照明的地方，点的是一盏香油灯，灯芯上的残油滴在铜盘上。某天深夜，他在灯下读书，一只细瘦的老鼠忽然爬上铜盘，明目张胆地吮吸香油。他本准备打死它，但转念一想：老鼠吃油是在讨生活，他读书也是在讨生活，彼此相怜才对，何苦相残呢？恻隐之心油然而生，他立刻绰起毛笔，信手勾画了一幅老鼠像，夹在书页中，以资纪念。若非善良的人，绝不可能推仁及物。李埏听完，不由得感慨系之：“先生真有好生之德！”

1949 年，胡适为刘文典办好了一家三口的机票，联系好了美国的大学，想帮他换个新环境。对于胡适的好意，刘文典敬谢不敏，他说：“我是中国人，为什么要离开我的祖国？”他久已远离政治纷争的旋涡，只是出于朴素的爱国之情留下未走。他没有力气再折腾了，眼看把乱世挺到了尽头，接下来只想过过太平日子。当时，许多学人都是抱着这样的想法留在了大陆。

20世纪初，刘文典留学日本，与周树人（那时还不叫鲁迅）有过交集，两人都是章太炎的边缘弟子，友情并不深笃。1928年，刘文典顶撞蒋介石而遭牢狱之灾，险些坠落到鬼门关，鲁迅激于义愤，撰写杂文《知难行难》声援，算是两人走得最近的一回。在西南联大，刘文典常常要亮出恩师章太炎这张王牌，顺带也就不免谈及昔日同窗，提到鲁迅时，他竖起小拇指，没作褒贬。听课的学生见惯了他的招数，对此一笑置之，竟无人探询他的真意。十多年后，这个疏忽居然有了弥补的机会，高校思想改造的刀锋越切越深，有人旧事重提，质问刘文典："你用小拇指污辱鲁迅的险恶用心何在？"刘文典并不慌张，解释："用小指比鲁迅，确有其事，那不是贬低他，而是尊敬的表示。中国人常以大拇指比老大，那是表示年高，自古英雄出少年，鲁迅在同窗中最年轻有为，我敬佩他是当代才子。你误解我了。你尊敬鲁迅，要好好学习鲁迅的著作。"这样牵强的辩解居然顺利过关，就没人掐指算算，鲁迅比刘文典大八岁，比钱玄同大六岁，比黄侃大五岁，"同窗中最年轻"的说法怎能成立？刘文典逃过一劫，竖小指比喻鲁迅的正解也就成了无解的哑谜，让考据家伤透了脑筋。

新中国成立后，刘文典在云南大学生活得很好，被评定为云南省唯一的文科一级教授。他将鸦片瘾彻底戒绝了。在思想改造运动中，刘文典过关远比回京的冯友兰等人更为顺利。他承认自己缺点不少，但没有犯下罪行。他保护学生运动的领袖，跟蒋介石当面对峙，吃受两记耳光，这无疑是他雄厚的政治资本。他在大会上宣称:“反动派统治的旧社会逼人走投无路，逼我抽上了鸦片。新中国成立后，在共产党的领导下，社会主义国家蒸蒸日上，心情舒畅，活不够的好日子，谁愿吸毒自杀呢!”“今日之我，已非昨日之我，我再生了!”

刘文典的“好日子”过到1958年即戛然而止，病魔夺走了这位学问家的生命。古稀之龄足矣，倘他再多活几年光景，恐怕就要用《庄子·天地》中的“寿则多辱”四字来譬解了，那才是真正的悲剧。

罗家伦及其《新潮》

范　泓

一

1926年6月18日，罗家伦（字志希）从马赛港搭乘法国邮船公司的General Metzinger动身返国，结束了六年之久的欧美各国“游学”之旅。临行前，由于没有路费，不得不向友人求助，遭遇“有心无力之境”，只好再次向上海商务印书馆老板张元济（菊生）私人贷款六百元，“此款为纯粹个人债务，由伦于回国后一年以内还清”①。

1920年9月，罗家伦等五位北大学生赴欧美留学，留学基金均由

① 罗家伦1926年5月14日致张元济函。参见刘维开编著《罗家伦先生年谱》，台北近代中国出版社1996年12月初版，第56页。

中国棉业大王穆藕初先生所助①，然至1924年前后，因豫丰纱厂衰落、易主，不得不中断。罗家伦正在德国柏林大学历史研究所攻读，面对突如其来的经济窘境，向蒋梦麟及二三知交告急，“然彼等之经济状况亦不佳”，似无能为力。此时国内不乏接济者，但不免有政治上的瓜葛，罗家伦“宁忍穷而不受”，拟将《科学与玄学》书稿修改完毕，寄回国内出版，以期作缓解之用。1925年年初，蔡元培获此实情，即私下与老友张元济商议，拟为其筹借归国川资（即盘缠），得张氏同意。不仅如此，张氏甚至想让罗家伦归国后进商务印书馆充任编译，“藉以考察其性情、行为”。蔡元培将此事函告罗家伦，信中并未提及资助者为何人。罗家伦是那种不愿无故受惠之人，在给蔡的复信中，他希望此项资助不含有“政治或任何他种关系”：

承询经济状况，自去夏接济断绝后，当然极坏。年底以拙著《科学与玄学》寄商务，承友人见助，得垫款数百元，聊维旦夕。来函谓先生有友人愿助归国川资，盛情极可感。虽馈赆之赠，不

① 穆藕初（1876~1943），上海人，家世业棉，早年赴美习农五年，返国后从事棉业，经营纱厂，成就斐然，被誉为中国的棉业大王。1920年，穆氏以事业有成，回报社会，决定捐资五万两银子，派遣北大学生赴欧美留学，委请北大校长蔡元培主其事，胡适、蒋梦麟、马寅初等辅佐之。在蔡元培推荐下，经考核，罗家伦、段锡朋、汪敬熙、周炳琳、康白情等五学生获此奖学基金之资助。参见穆家修等编著《穆藕初先生年谱》，上海古籍出版社2006年5月第1版，第188~189页。

见却于邹孟，然于心终有不安。伦意此君既有如此好意，伦有一计划，累彼似觉较浅，不知先生以为前途可以助我贯彻否？伦近年来皆系致力于研究西洋文化史及历史哲学，思他日得此借鉴，为中国在此类工作上略有建设。颇思在英国一学期（自四月中至七月底），从伦敦或剑桥一二教授游，再在法国留学三个月，于十月间回国（近已读法文参考书颇多，并治拉丁，为读西洋古籍预备）……不知前途肯否？望婉商之。如能办到，此款不必一期寄出。……伦之所以取此办法者，（一）因不欲无故累人而受人之惠，（二）因欲于归国以前多学一点东西，于时间及经济较合算，他日虽亦有重出之机会，然此款数目尚不够或仅够来往旅费也。再者此款虽系借款，但希望无政治或任何他种关系，在借贷方面，亦纯以为社会或国家辅助一人材（僭称）求学为宗旨。因他日为国家及社会尽力之方面甚多，欲持纯洁之身，不欲对于任何方面有何约束也。①

虽获归国川资，罗家伦却并不想立即返国，而是欲往英、法等国继续求学，搜集中国近代史材料（法国国家图书馆），以便完成一部中国近百年通史。罗家伦在信中提出让这位朋友“设法借给”：若此项计划可行，“则任何利率，皆可承认”，回国后三年还清。或以两种书稿

① 罗家伦致蔡元培函，转引自《罗家伦先生年谱》，第45~47页。

作为其抵押，即他本人所译的《思想自由史》(十三万余字) 和正在翻译之中的《教育思想史》(全书约二十万字，时仅译六万余字)。以罗家伦的推想，两部书稿若以千字五元之常例，三十余万字即可得一千五百元以上，足以还清这笔借贷。

以上信中说的“前途”，乃旧时人们洽谈事项，对有关对方的一种代称。罗家伦尚不知道蔡元培的这位朋友就是商务老板张元济先生，才有“无政治或任何他种关系”一说。显然，成名颇早的罗家伦，十分在乎自己的“区区名誉”(罗自语)。蔡元培接此信后，即转致张元济，张作复说：“罗君既有怀疑，不妨先以鄙意告之。然此却非公司之款，并非丝毫约束也。”① 同年五月，罗家伦已知接济者是张元济先生，曾发信致谢，并述为学计划。六月，罗家伦前往英国伦敦，参与中国问讯部工作。该部成立于1925年春，为前英国工党参议员麦朗所设立，主要关注中国问题。八月，罗家伦收到张元济汇来的八十一镑十六先令十一便士，折合国币七百元；一个月后，罗家伦前往巴黎，在法国国家图书馆从事研究；次年春，被巴黎亚洲学会吸纳为会员。

从上述材料看，罗家伦回国前两年的欧洲求学之旅，主要得益于蔡元培和张元济的支持与襄助。他对自己六年“游学”经历相当满意，“我们不曾固定的在任何一间大学里作过长达一年的停留，依照我们预定的计划，我们几乎访遍了欧洲所有著名的学府，也曾向许许多多大

① 张树年、张人凤编《张元济蔡元培来往书信集》，台北商务印书馆股份有限公司1992年10月出版，第56页。

师级的学者当面请益。但是，一旦我们了解这间大学的传统与特点，而且与当地著名学者请教辩说，解决我们心里的疑团后，我们随即去访问另一学府。”① 他的初步设想是回国后筹建一个专门机构，搜集、收藏、编辑各种文字版本中的中国近百年史料，展开深入研究工作；个人则想以“科学的方法”撰写一部科学的历史，“使中国人从事实里知道自己所处的是什么世界”②。

在海上漂泊了一个多月，罗家伦于1926年7月23日抵达上海。旧同学卢晋侯（锡荣）设宴为其洗尘，邀请丁文江前来作陪。比丁氏小十岁的罗家伦，竟冷眼以待，令场面十分尴尬。有人复述其事：“罗志希先生久已心仪丁文江其人，但是他没有想到丁文江竟会投到北洋军阀，‘东南五省联军总司令’孙传芳的麾下，在上海做起大官来了。他形容他们那一次的初相见，直截了当地说：‘我于席上才初次和在君（丁文江的号）见面。那时候他是淞沪商埠的总办，督办是孙传芳。我是反孙传芳的人，所以不便多谈’。道不同不相与谋，连交谈都不屑……”③

此时正是中国各种政治、军事势力集团相互倾轧、纷争不已的混

---

① 参见刘维开编著《罗家伦先生年谱》，第57页。

② 参见罗久芳《胡适与罗家伦》一文，原载2003年《华美族研究集刊》第6期，第104页。此系穆藕初之子穆家修先生惠寄。

③ 王成圣《记罗志希先生》一文，原载《中外杂志》第7卷第1期，第62页。同时参见罗家伦《现代学人丁在君先生的一角》一文，收录于罗家伦《逝者如斯集》，台北传记文学出版社1992年1月再版，第227页。

乱时刻：这一年1月，国民党召开第二次全国代表大会（在广州），左派势力占据上风，李大钊、林伯渠、恽代英等中共人士进入中央执行委员会，会议对“西山会议派”人士采取了严厉措施①；2月，“双溪老人”许世英辞北洋政府国务总理职，由贾德辉任代总理，两个月后下台；3月，北京发生流血事件，中共北方区委李大钊、赵世炎、陈乔年等人领导并发动了一次抗议活动，遭段祺瑞执政府武力驱散，造成四十七人死亡、二百多人受伤，此即历史上的“三·一八案”；接着，“中山舰事件”、汪精卫辞国民政府主席职、谭延闿上台等相继发生；5月，外交宿将颜惠庆走马亮相，任北洋政府国务总理，一个多月后也辞职，曾任海军总长的杜锡珪代理阁揆，三月后又走人；7月1日，国民党发表国民革命军出师北伐宣言，蒋介石就职国民革命军总司令，兵分三路，从广东誓师出发，二次北伐于焉爆发。

罗家伦回国之际正值天下大乱，当时最大的心愿是想回母校北大教书，实现筹建专门机构的计划。从其长女罗久芳教授（美国）的文章中可以知道，彼时政局纷乱，国共与北方鼎足而三（高梦旦语，给胡适信），兵祸党狱，人心惶惶，“归国留学生更深感报国无门，罗氏回北大教书的宿愿落空，要求清华国学研究所及厦门大学资助搜集史

① 上海国民党市党部成立，要求第二次全国代表大会惩处参加西山会议的林森、邹鲁、谢持等人。参见郭廷以编著《中华民国史志》第二册，台北中央研究院近代史所出版，1984年4月第1版，第1页。

料的事无果”[①]，最后决定受聘于南京东南大学历史系，所开设的“中国近代史”课程，为我国大学在此领域中之始。厦门大学邀其前往任教，罗家伦则“以东南大学邻近上海，可常向东方图书馆及亚洲文会借书为由”，予以婉拒[②]。

不久，战事逼近南京，学校停课。罗家伦离开南京，自上海至南昌省亲。南昌一度被国民革命军攻克，复被孙传芳部夺回，但始终处于北伐军的包围之中。10月11日，罗家伦在家中遭遇兵劫，“除损失不赀外，先生身受六处刀伤”，虽不特别严重，内心之震惊，则溢于言表，在给张元济的信中说：“以绝对无抵抗而遭此，难哉其为中华民国国民也！一切令人悲愤万态。以十余年作有意识之力学，设竟死于此，心何以甘！”[③] 此事也引起友人的关切，北大同学顾颉刚时在厦门大学任教，一封信中“斯人如死，如中国近代史何”[④] 云云。

这一年11月，蒋介石驻节南昌，罗与之第一次见面。此时全国大学都已停办[⑤]，他深感“以后无日不在惨雾愁云之中”。1927年2月，

---

① 参见罗久芳《胡适与罗家伦》一文，原载2003年《华美族研究集刊》第6期，第104~105页。

② 刘维开编著《罗家伦先生年谱》，页57。

③ 罗家伦1926年10月23日致张元济函，参见《罗家伦先生年谱》，第59页。

④《罗家伦先生文存附编——师友函札》，台北国民党中央委员会党史委员会1996年12月初版，第669页。

⑤ 参见方东美《“但有凋谢无死亡”的罗志希先生》一文，台北《传记文学》第13卷第1期，第19页。

国民党第二届中央执委会第三次会议在武汉举行，罗家伦随谭延闿、陈果夫、丁惟汾等人来到了武汉。罗与时任国民党中宣部长的顾孟余私交不错，顾有意让他在宣传部负责一些实际工作。到武汉后，发现与顾在政治上志趣不投，遂改变主意，未同意留下，十天后，独自离开了武汉。

行前，陈果夫交一密函，委请转交时在江西九江督战的蒋介石。就是这一封密函，使罗与蒋介石再次见面。3 月 21 日，罗、蒋二人在安庆长谈许久①；次日，又见一次；第三天，蒋登"楚同舰"往前线督师，罗赶到江边，登舰又说了几句。就这样"一席谈话后，他毫不犹豫地参加了国民党北伐的队伍，担任起编辑委员会委员长、参议及法制委员等职务。没有想到那次的对话，竟影响了他一生的事业。南京政府成立后，他受任中央党务学校教务副主任，主持筹办一个新式干部的训练场所，随后又代理校务会议主席"。②

台湾学者刘维开编著的《罗家伦先生年谱》(初版)，对罗家伦何时加入国民党语焉不详，从现有的资料推断，想必应是在这个时候。国民革命军总司令部政治部编辑委员会，级别甚高，罗家伦作为这个委员会的负责人，被授衔少将。当时有许多知识分子认为，国民革命军北伐能给四分五裂的中国带来一线转机，若要使中国近代化，非得

① 罗家伦抵九江后，蒋介石时已离开到安庆，罗遂转往安庆。

② 参见罗久芳《胡适与罗家伦》一文，原载 2003 年《华美族研究集刊》第 6 期，第 105 页。

铲除割据的军阀，完成统一工作、实行三民主义不可。

胡适时在欧洲，密切关注国内局势动态，多少已改变先前对北京政府的同情态度。后来成为史学家的沈刚伯其时正留学英伦，有一天，去看望胡适，问如何看待革命军北伐，胡适说：他本来是反对武力革命和一党专政的，但革命一旦爆发，便要助其早日完成，这样才能减少战争，从事建设，"目前中国所急需的是一个近代化的政府，国民党总比北洋军阀有现代知识，只要他们真正实行三民主义，便可利于国，一般知识分子是应该加以支持的"①。胡适的学生顾颉刚也说："自北伐军到了福建，使我认识了几位军官，看见了许多印刷品，加入了几次宴会，我深感到国民党是一个有主义、有组织的政党，而国民党的主义是切中于救中国的。又感到这一次的革命确比辛亥革命不同，辛亥革命是上级社会的革命，这一次是民众的革命……"②

正是在这样一个特殊的历史时段，罗家伦或许意识到了"革命"的必要性，不再一味埋首于学术研究，而是选择了投身忧患之中，开启漫长的从政生涯。关于这一点，即使站在今天的角度来看，一个对于"五四"有着深厚情结的人，在"大革命"所造成的剧烈震荡中，怀抱一定的政治理想，"脱下洋装而投笔从戎"，说是生命中的一次激

---

① 沈刚伯《我所认识的胡适之先生》、《纪念胡适先生演讲会讲词》，收录于《沈刚伯先生文集》，台北中央日报社出版 1982 年版，第 697~709 页。

② 中国社科院近史所中华民国史研究室编《胡适来往书信选》，香港中华书局 1983 年出版，上册，第 424~429 页。

情迸发也好，出于形势的催生也罢，毕竟作出了自己一生中最重大的一次选择。尽管这种选择，常使他深感“迭味炎凉”，或坚持说“在政治方面，我是特立独行的”。

其时，投身“革命”、身与政府的知识分子，非特罗家伦一人，“许多与北大有关人士，包括胡适的同事蔡元培、蒋梦麟、王世杰，和他的学生周炳琳、段锡朋……都先后加入了南京政府文教、政法方面的工作”①。好友朱家骅不久也离开中山大学，就任浙江省民政厅长。在这些从政学人行为的背后，不管动机或理想如何，若不侈谈时代因素，这里面无不隐含个人经历的潜移默化和深刻影响，这不仅是逻辑上的一种推断，而是对其诸多人生细节解读之后，获得的一个印象。

二

罗家伦一生中的“革命”基因，乃至济世救国的抱负，最早可追溯到十二岁那年。在父亲传珍公（字沛卿，又字钝庵）有心开导之下，夜读邹容的《革命军》，实为少年仰慕“革命”之始。从他的文章中可以证实：

① 参见罗久芳《胡适与罗家伦》一文，原载2003年《华美族研究集刊》第6期，第106页。

某晚公归，于袖中出邹容《革命军》一书示余，余读之狂喜，革命思想遂以勃兴。①

这是民前四年，即清光绪帝及慈禧太后相继死去那年。对一个少年来说，懵懂中受其“蛊惑”而萌发“革命思想”，较之梁启超十七岁“始知所谓世界公理，国家思想”犹过之而不及。只是罗的父亲时任江西抚署军政参事，虽官阶不高，说起来，也是朝廷命官，却让自己的孩子夜读禁书，可见内心对清王朝的不满和叛逆。严格地讲，罗的父亲是一位保守又具有进步倾向的人，一生推崇宋明理学，“于宋兼涉朱、陆，于明则酷好阳明，并推重明季浙东诸子，如刘宗周、黄宗羲等之著述”，常以《王阳明集》和刘宗周《人谱》两书示子，尤其嘱咐要熟读黄宗羲的《明夷待访录》。《明夷待访录》倡言民权主义，“于晚清思想之骤变，极有力焉”（梁启超语），罗父受其影响，显然较深。罗家伦擅作旧体诗，曾以七言记其事：“大袖藏归《革命军》，教儿读罢气如云。乡贤历历频频数，惟读王刘不朽文。”

1911年武昌首义爆发，罗的父亲目睹清王朝顷刻覆灭，从内心同情革命，“曾协助党人李烈钧等脱险”。这一年，在南昌，十五岁的罗家伦入美国传教士 F. C. Gale 创办的英文夜校苦读外语。这自是受“新潮”影响，却也可以说是传珍公“苦心孤诣”的安排。这位“诚

① 罗家伦《罗钝庵先生行述》一文，收录于《罗家伦先生文存》第10册，台北“国史馆”、国民党中央委员会党史委员会1997年6月版，第56页。

笃勤敏”的浙江人，工书画，精篆刻，如此“形塑”一个少年学子的未来，透着为人之父的深谋远虑。

1914 年，罗家伦至上海复旦公学就读。这是一所西式学校，因其创办人中有革命党人，此校与国民党有着千丝万缕的关系，孙文曾任校董会主席。“复旦尚有一个特点，就是言论自由的精神。因此复旦学生的政治兴趣比其他学校的学生来得浓厚”①。在校期间，罗家伦与宋教仁长子宋振吕、黄季陆（后曾任四川大学校长）、吴南轩（后曾任清华大学、复旦大学校长）为同窗好友，与黄兴、戴季陶等人有所交往。罗家伦是一个十八九岁的年轻人，黄、戴二人在当时的中国已名声大噪。罗家伦与革命党人的接触，一方面，固为环境使然，另一方面，初显政治上的某种倾向。他参与编辑《复旦》季刊，撰写《二十世纪中国之新学生》一文引起反响，沪上报纸复转载。他是最早获悉黄兴病危不治消息的人之一。1916 年深秋，在上海徐家汇福开森路黄氏住宅，当他伫立黄兴床前，向这位早逝的革命党人默哀敬礼时，“心中酸痛，热泪如麻”②。

青少年成长的每一步轨迹，对罗家伦一生有不可忽视的影响。其中最明显的一点，就是“革命基因”融入体内而渐次发酵，从北大的《新潮》岁月，到广场上的“五四风云”，进而北伐纷乱的枪声中“弃

---

① 刘维开编著《罗家伦先生年谱》，第 10 页。

② 罗家伦《从墨迹中体认到的黄克强先生》一文，收录于《逝者如斯集》，第 127 页。

学从政”，每一个细节，无不印证当年对“革命”向往的真实心态。也就是说，十年前在狂喜之中捧读邹容的《革命军》，到后来不期然地写下中国近代史上的名篇“五四宣言”，两者之间，有着一种必然的内在联系，而曾经一度排斥“政治”的念头，已荡然无存[①]。“在 1917 年进入北大很久以前，罗家伦就受益于上一代人在国外常常杂乱无章地寻求的近代教育”[②]。近代教育的特点之一，就是迎合时代思潮，在知识上拓展新视野，在思想上汲取新观念，在行为上推崇“自主精神”，正如罗家伦本人在一篇文章中所说：这种自主精神是近代中国三代知识分子积累的最大成果，它并非只属于学生，而是由推翻帝制官僚政治的最初斗志传递给他们的[③]。而进入北大不久，罗家伦与傅斯年、康白情等人创办《新潮》杂志，激越的社会革命主张与实践，不仅倡导新文化运动，而且坚决反封建、反侵略，主张民族的独立和自决，[④] 从这个意义上讲，“新潮社的人员便与“五四运动”的发生，有着直接而密切的关系。而罗先生在这一运动中，亦可说是居于推动的重要角色”[⑤]。

---

① 周作人对罗家伦加入革命军颇有微词，曾这样说：罗一起头就钻进了国民党里，做了蒋介石的帮闲。周作人《新潮的泡沫》，原载于 1950 年 6 月 14 日上海《亦报》。

② 舒衡哲《五四两代知识分子》一文，收录于许纪霖编《20 世纪中国知识分子史论》，北京新星出版社 2005 年版，第 242 页。

③ 参见舒衡哲《五四两代知识分子》一文，收录于许纪霖编《20 世纪中国知识分子史论》，第 240 页。

④ 参见罗家伦《元气淋漓的傅孟真》，收录于《逝者如斯集》，第 169 页。

⑤ 蒋永敬《罗家伦先生的生平及其对中国近代史研究的贡献》一文，收录于《罗家伦先生文存》附录，第 720 页。

三

1917年秋，二十一岁的罗家伦考入北大，主修外国文学。

自1916年底，蔡元培出任北京大学校长，“对中西文化，取融会贯通的态度，主张学术研究自由，延揽各方学者前往任教，使学风为之丕变，成为学术界的标杆”。他在第一次演说中就强调“大学生当以研究学术为天职，不应以大学为当官发财之阶梯”①，正是在这种基本主张之下，北大成为中国第一所现代化的大学，不仅为学术教育界开辟新风，“更重要的是同时带动新观念，为中国政治改革注入新生力量”②。入学第一学期，罗家伦便向最具前卫性的《新青年》投稿，他有着强烈的求知欲，常跨系选课，时常到胡适家中请益，成为胡适忠实的追随者。1918年6月，《新青年》第4卷第6期“易卜生专号”刊有罗家伦与胡适合译的易卜生名著《娜拉》，“这一期专号出刊起到了为新文学运动推波助澜的作用”③。

作为北大青年学子，罗家伦、傅斯年、顾颉刚、徐彦之（子俊）、潘家洵（介泉）等人经常在一起聚会，他们在谈及北大的未来时，信心十足，并报以诸多希望，“应该办几种杂志：因为学生必须有自动的

---

① 《蔡元培自述》，台湾传记文学出版社，1991年7月1日再版，第12页。

② 吕芳上著《从学生运动到运动学生——民国八年至十八年》，台北“中研院”近史所1994年8月版，第158页。

③ 参见陈信元《综论五四》一文，第3~4页。

生活，办有组织的事件，然后所学所想，不至枉费了；而且办杂志是最有趣味，最于学业有补的事，最有益的自动生活”①。1918年初秋，创办《新潮》被提上议事日程，因没有一个具体计划，延宕不少时日。至同年11月19日召开第二次会议时，北大“新潮社”才算正式成立。依当时“简章”的第五条，分设编辑部和干事部，前者总揽编辑业务，后者主持编辑以外的事务性工作。编辑部主任为傅斯年，编辑为罗家伦，书记是杨振声；干事部主任是徐彦之，干事为康白情，书记是俞平伯。顾问是胡适先生。“新潮社”设在北大图书馆红楼办公室右侧的一个房间里。

北大学生组织社团，创办刊物，除了探讨学术的爱好和救国启蒙的热情外，还有重要的一点，就是为日后踏入社会做好应有的准备。1919年1月1日，《新潮》杂志正式创刊。杂志中文名称出自罗家伦的建议②，以“批评的精神，科学的文义，革新的文词”为标帜。发行者为北京大学出版部，此事得到校长蔡元培的支持，批准每月从北大的经费中拨两千元作为办刊经费。《新潮》横空出世，与《国民》杂志、《国故》月刊在北大校园“鼎足而三”，分别代表不同的政治思想和文化倾向。以当年北大学生冯友兰的回忆：三个大型刊物，代表左、

---

① 傅斯年《〈新潮〉之回顾与前瞻》，原载1919年10月《新潮》杂志第2卷第1号，第119页。收录于《傅斯年全集》第四册，台湾联经出版事业公司1980年初版。

② 参见罗久芳著《罗家伦与张维桢——我的父亲母亲》，百花文艺出版社，2006年1月第1版，第27页。

中、右三派，“左派的刊物叫《新潮》，中派的刊物叫《国民》，右派的刊物叫《国故》。这些刊物都是由学生自己写稿、自己编辑、自己筹款印刷、自己发行，面向全国，影响全国的。派别是有的，但是只有文斗，没有武斗”①。巧合的是，三本杂志均为国文门（即后来中文系）1916级学生所主持，“当然还有其他学生参加，但是国文门的学生是主力”（陈平原语）。

“新潮社”大部分社员为当时北大学生，初二十一人，后增至三十四人，也有一两位新潮教授加入。这些人的专长一般不出哲学、文学和历史，其共同特点，就是具有“新”的色彩：以倡导新学，迎接新潮，刷新思想，反思传统。傅斯年在《〈新潮〉之回顾与前瞻》一文中说：“我们的杂志是由觉悟而结合的，至于将来，若不死于非命，我敢担保必定放个光彩。”罗家伦也提及当时年轻人对《新潮》的关注，并不亚于对《新青年》的关注，“我们天天与新青年主持者相接触，自然彼此间都有思想的交流和相互影响。不过，从当时的一般人看来，仿佛新潮的来势更猛一点，引起青年人的同情更多一点。新潮的第一卷第一期，复印到三版，销到一万三千多册，以后也常在一万五千册左右，则声势不可谓不浩大”②。

这本杂志只有一百五十页，创刊号各栏文章共二十一篇，傅、罗

① 参见冯友兰《我在北京大学当学生的时候》一文，原载《文史资料选辑》第83期，北京文史资料出版社，1982年版。

② 罗家伦《元气淋漓的傅孟真》一文，收录于《逝者如斯集》，第169~170页。

二人写了十四篇，占“创刊号”总篇幅的十分之七之多，其中有关介绍《新潮》杂志宗旨一文《今日之世界新潮》出自罗家伦的手笔。创刊号即引起很大反响，“第一期至第五期的总编辑是傅斯年，编辑是罗家伦，两人具有很好的国学基础，又正年轻气盛，因而在编辑方面大刀阔斧，撰写文章下笔千言，不留情面，使杂志的形象新颖生动，也为白话文创作树立了良好的模式”（罗久芳语）。《新潮》先后出刊三卷（三卷仅出了两期），计十二期，六十六位作者中，以傅斯年发表文章最多，计四十四篇，其次是罗家伦，计三十六篇。罗的文章大抵有四类，论文、评论、诗歌、通信，有时署名“志希”。

照最初的设想，《新潮》拟每年刊发十期，第五期为一卷，每卷终了时即进行职员的改选。但到了第五号于1919年5月1日出版后，“五四运动”爆发，新潮社的骨干人物均忙于运动，大多数人成为运动中的领袖，导致第二卷第一号延至同年10月才出版，第二号也延至同年12月。傅斯年这一年秋天赴英国留学。在新潮社成立一周年的会议上，决定将原来的编辑、干事两部改设编辑一人，经理一人，由罗家伦出任主任编辑一职。第二卷第一号，罗家伦一个人就写了七篇文章，第二卷第二号，罗家伦又写了一篇论文、一篇演讲记录、两篇评论、一篇书评和两通复信。台湾学者李云汉在《传记文学》上撰文说：“这真是件苦事，志希先生担任这项苦差事达一年以上，直至民国九年秋赴美研究，才把新潮的编辑工作交给了新任的主任编辑周作人，新潮的光芒也开始暗淡起来了。”[①]

四

罗家伦对北大《新潮》的贡献自不待言。他拥护新文化运动，主张用西方进步思想来改革中国的文化和社会。1919年“五四”那天，散发的唯一一份印刷品——《北京学界全体宣言》[②]，即出自这位北大三年级学生之手。这篇一百八十字的宣言，被公认为“写得大气磅礴，字字铿锵，极富号召力”[③]，《罗家伦先生年谱》则强调“这篇宣言用了生动、简洁的白话文，反映了文学革命的效果，一般人都认为它是青年知识分子的精神”[④]，同时也是罗家伦“为学生界所周知和推重之始”[⑤]。罗家伦晚年与北美学者周策纵回忆当年情形，言及这篇宣言时说，“好像面临紧急事件，心情万分紧张，但注意力却非常集中，虽然社里（指《新潮》杂志社）的人来来往往，很是嘈杂，却好像完全没

---

① 李云汉《罗志希先生与新潮杂志》一文，原载1977年台湾《传记文学》第30卷第1期，第50页。

② 据罗家伦本人回忆：此文上午十时左右写好后，递交李辛白先生（曾任北大庶务主任，时为出版部主任）所办的老百姓印刷所拟印五万张，结果到下午一时只印好了二万张。

③ 参见何善川《罗家伦与中大》一文，原载《中外杂志》，收录于南京大学百年校庆网页“往事回眸”专栏。

④ 刘维开编著《罗家伦先生年谱》，第19~20页。

⑤ 陶希圣《我所知道志希先生的几件事》一文，原载1977年台湾《传记文学》第30卷第1期，第10页。

有留意，写成后也没修改过”[①]。

罗家伦对这种亢奋的“革命激情”一直有所感怀，“五四”三周后，以“毅”为笔名在《每周评论》第二十三期上撰文分析了这场运动，总结出“三种真精神”[②]，即：学生牺牲的精神、社会制裁的精神、民族自决的精神，并首创“五四运动”一词，为官方及各派史家延用于今。以周策纵的研究，“五四”前后“新潮”主要领导人所主张的社会革命观念部分地受到俄国“十月革命”的影响，“在创刊号里，罗家伦论及当代世界的潮流，他说，在世界上每一个重要的时期，几乎都有它阻挡不住的潮流……根据罗家伦的看法，二十世纪的世界新潮流就是俄国的‘十月革命’：‘现在的革命不是以前的革命了！以前的革命是法国式的革命，以后的革命是俄国式的革命。’他认为法国大革命是属于政治性的，然而自此以后的革命都会是俄国革命的类型，即会发生许多社会革命，在这些革命里，民主会战胜君主，平民会战胜军阀，劳动者会战胜资本家……”[③]

“五四运动”对罗家伦个人的影响是深刻的。这是民国开国以来第

---

① 刘维开编著《罗家伦先生年谱》，第 20 页。

② 罗家伦《五四运动的精神》一文，后收录《罗家伦先生文存》第 1 册，第 2~3 页。参见刘维开编著《罗家伦先生年谱》，第 20~21 页。又有一说，罗此文刊于上海《星期评论》，参见罗久芳著《罗家伦与张维桢——我的父亲母亲》，第 19 页。此以年谱为准。

③ 周策纵著《“五四”运动史》，岳麓书社，1999 年 8 月第 1 版，第 81~82 页。

一件大事，“说它受当时视为‘洪水猛兽’的新文化新思潮孕育的结果，并不为过”①，罗不仅躬与其事，还成为运动中的风头人物。不过，罗家伦对于“学生运动”的认知并非一成不变，而是随着对客观境遇的体悟而产生变化，一如“他的学问不靠苦学得来，而是靠敏锐的洞察力和感受力”（王隶均语），他对于中国现实社会的观察与判断大抵亦是如此。

“五四”后有两件事情，对六年后罗家伦投效北伐，重燃内心“革命”之火，有或多或少的影响。其一，“五四”这一年年底，罗家伦遭北洋政府下令搜捕，遂与后来成为共产党人的张国焘南下上海，参与北大同学段锡朋等人所推动的全国学生联合会工作。滞留上海期间，罗与几位学生代表前往环龙路四十六号访问过孙文。这次见面，不管出于何种动机，都给他带来了深刻记忆。此次会面有点“不欢而散”，罗的回忆让我们感受到了当时那种相持不下的场面：

> 五四那年我曾代表北京学生到过上海，第一次同其他两位代表一道晋见国父，以“初生牛犊不畏虎”的精神和他剧烈辩论三个钟头，而他始终娓娓不倦，越辩越起劲，硬是要说服我们！②

---

① 罗家伦《对五四运动的一些感想》一文，1967年台湾《传记文学》第10卷第5期，第18页。

② 李云汉《罗志希先生的大学时代》一文，收录于《罗家伦先生文存》，第12册附录，第787~788页。

周策纵在专著《五四运动史》中认为，“五四运动”的第二阶段，“学生对政治的兴趣随着外界影响的增强而增加，他们开始与政党发展更密切的关系，其中的一些人参加了政党活动”①。此时罗家伦尚未加入国民党，但与国民党人士往来甚繁，实在意味与这一组织随时有可能发生联系；其二，1920 年初秋，罗家伦得校长蔡元培推荐前往欧美留学，成为人生的一个转折点。这件事看起来颇为正常，实则有更深层次的原因。首先，蔡元培自戊戌变法失败后，即认为革新必先培养人才，倡导走一条“教育救国”之途；其次，蔡元培做过民国第一任教育总长，现任北大校长，对出国留学者之条件，有严格的要求，虽然“不限省份，不限科目”，但须是男生，“道德能力与学问并佳，日后堪为各界之领袖者为合格”②。这种定向培养人才的思路，表明对未来寄托了某种期待。事实证明，蔡是有眼光的，当年赴欧美留学五人：罗家伦为历史学家，先后任清华大学、中央大学校长，国民党党史会主任委员，国史馆馆长；段锡朋为历史学教授，先后任广东大学史学系主任、国民政府教育部次长，中央大学代理校长；周炳琳为法学家、经济学家，清华大学经济系教授，北京大学法学院院长，河北省教育厅长，国民政府教育部常务次长；汪敬熙为心理学家，美国霍普金斯哲学博士，河南大学、中山大学、北京大学教授，中央研究院心理研究所所长；康白情为中国白话诗开拓者之一，山东大学、中山大学、

① 周策纵著《五四运动史》，第 380 页。

② 刘维开编著《罗家伦先生年谱》，第 30 页。

厦门大学教授。

“五四”不久，余波又起，发生“六三全国风潮”①，学生罢课、军警捉人、商人罢市等相继出现，此后大半年时间里，北大校园内一直动荡不安。此时，胡适已从上海返京，力劝北大学生尽快复课，“国家的纷扰，外间的刺激，只应该增加你求学的热心与兴趣”。1920 年 4 月，罗家伦为《晨报》筹编“五四纪念增刊”，向蔡元培、胡适等人约稿，特别恳请胡适为“旁皇过路”（原文如此）的学生“拿出正当的主张出来，做一个灯塔”②。

5 月 4 日，《晨报·五四纪念增刊》刊发由胡适起草、与蒋梦麟联名的《我们对于学生的希望》一文，“在变态的社会国家里面，政府太卑劣腐败了，国民又没有正式的纠正机关（代表民意的国会之类），那时候，干预政治的运动，一定从青年的学生界发生的”；同时提醒学生不要忘记，这种运动是非正常的事，是变态的社会里不得已的事，是暂时不得已的急救的办法，却不可长期存在，“荒唐的中年、老年人闹下的乱子，却要未成年的学子抛弃学业，荒废光阴，来干涉纠正：这是天下最不经济的事。……即如去年的‘五四’与‘六三’，这两次

① 1919 年“五四”不久，又爆发六月三日更大规模的抗议、罢课、军警逮捕学生以及一些大都市商人罢市等事件，此后大半年里，北大教授和学生的工作与学业都受到了动荡不安的影响。参见罗久芳《胡适与罗家伦》一文，原载 2003 年《华美族研究集刊》第 6 期，第 99 页。

② 罗久芳《胡适与罗家伦》一文，原载 2003 年《华美族研究集刊》第 6 期，第 99 页。

的成绩可是单靠罢课代武器的吗？单靠用罢课作武器，是最不经济的方法，是下下策，屡用不已，是学生运动破产的表现”[1]。

胡适、蒋梦麟的文章发表前三天，即5月1日，罗家伦撰写的《一年来我们学生运动底成功失败和将来应取的方针》一文，刊于《新潮》第二卷第四号，这是罗对一年来学生运动的一次“全面检讨”，尤其对“六三风潮”有深刻反思。以罗久芳教授（笔者与之有过通信，承蒙惠寄若干资料）的看法，“父亲所指的‘五四’是1919年他所亲见、参与和察觉的一连串自发活动，与蔡元培、胡适、傅斯年和许多北大师生的认识雷同”[2]。在这篇文章中，罗家伦肯定五四运动的同时，又深感失败的方面，即“学生的本身”和“社会的态度”。

罗家伦这样写道：“揭开假面具说，我们最近这次失败，是无可讳言的；失败是由我们自己不明白自己的弱点，也是无可讳言的。这次全国学生联合会不问时势，不问实力，便贸然议决全国罢课，是错误的……”接着，又指出：学生界有一种最流行而危险的观念，就是“学生万能”的观念，以为我们什么事都可以办，什么事都去要过问，所以什么事都问不好，“我们自信万能的结果，必至于万不能”；学运

① 胡适、蒋梦麟《我们对于学生的希望》一文，原载于1920年5月4日《晨报·纪念五四增刊》，参见张忠栋、李永炽、林正弘主编《现代中国自由主义资料选编②：五四与学生运动》，第199页。

② 罗久芳著《罗家伦与张维桢——我的父亲母亲》，第21页。

导致学术的停顿，“一年以来，大家的生活，都是奔走呼号，东击西应，对于新知识，一点不能增加进去，那里还有再来倾倒出来的呢？”而且，落于形式的窠臼，“一定要打一电，或是发一个宣言，或是派几个代表，而最无聊的就三番五次的请愿，一两回的游街”；将来应取的方针，要从“社会运动”和“文化运动”两个方面入手，再也不能“头痛医头，脚痛医脚，东摸一下，西碰一下，没有计划，只谋应付”。

“社会运动”包括两个方面，一是做专门宣传的事业，二是从解决平民生计问题着手。为此，

他提出一个生动的概念，“养猴子的人，必须自己变成猴子”。他听说一位北大学生到长辛店演讲，竟问一个工人的生活丰富不丰富，“弄到那个工人瞠目结舌，骇而疾走”。罗感叹穿长衫的“先生”（当然也包括他自己）根本不懂“劳动问题”，“所以真正能养猴子的人必须身上蒙上猴子的皮，这些猴子才会相信他”。否则，“我们回回演讲，出去叫什么‘爱国’、‘救国’是没有用的”！

“文化运动”应以思想革命，为一切改造的基础。在罗看来，“历来各国的革命都可以革得很好，何以中国辛亥以来的革命，愈革愈糟呢”？原因就在于，他国的革命，都是为其主张（观念）而战，中国的革命“除了几个领袖人物而外，其余人都是被金钱收买得来的，权位引诱得来的。他们原来就没有民主、共和的观念，如何可以盼望他

们实行民主、共和的政体”？[1]。

此文与胡、蒋二人的文章只相隔四天，师生之间获得“理性上的共识”（罗久芳语），对形势作出了同样的结论，“大学生必须专心学业，而不应该长期从事社会或政治活动”[2]，或许这也是对蔡元培“学生不得干预政治之运动”[3] 的一种响应。罗文章中的某些词，与胡适、蒋梦麟一样，即“破产”，二字，“若长此下去，不但人材破产，而且大家思想一齐破产”，恐怕不是简单的巧合。

1920 年 9 月 7 日，罗家伦从上海乘海轮前往美国。这一天，在北京《晨报》发表《临别时一个紧急动议》一文，成为他出国前的“国是建言”：

> 太平洋的碧波里，现出一缕烟痕，“中国”号的邮船，已缓缓的靠近中国海岸。我将去了！以现在国内瞬息万变的情形，我那能忘情得了，所以我临别时有一个紧急动议。
>
> 我想现在中国呼声最高的就是国民大会，问题最要紧的就是制定宪法。将来无论是国民大会制宪也好，非国民大会制宪也好，国民对于宪法总要有种主张。

---

① 罗家伦《一年来我们学生运动底成功失败和将来应取的方针》一文，原载 1920 年 5 月 1 日《新潮》第 2 卷第 4 号，后上海《申报》转载。参见张忠栋、李永炽、林正弘主编《现代中国自由主义资料选编②：五四与学生运动》，台北唐山出版社，1999 年 11 月初版，第 171～196 页。

② 罗久芳《胡适与罗家伦》一文，原载 2003 年《华美族研究集刊》第 6 期，第 100 页。

③ 《蔡氏回任条件与学生》，原载 1919 年 7 月 11 日《盛京时报》。

各国的宪法之所以成功，都是有种国民的主张做背景的，如英国的宪法，虽不成文，但是他这种神圣的威权，纯粹是由于国民三次的表示：(一)“大宪章”，(二)“权利请愿书”，(三)“权利保证书”。美国宪法的精神，是根据于“独立宣言”的。法国宪法的要义，是根据于“人权宣言”的。所以我们中国的国民苟欲有真正我们所希望的宪法出现，则我们当联合全国，赶紧有个我们的——“人权宣言”。

这个“人权宣言”当采集以上五种大法典的精神，更多多参考世界各国最近的趋势。不问时势上的枝节问题，把全宪法根本的精神，以极简洁、极明了的文字包括在一个宣言里。这个宣言当速由北京学生联合会邀请在京的学者，精密讨论，从速拟妥，并望各报纸多多有这类的意见发表，以作贡献。待拟好之后，即请全京各团体连（联）合签名发表，再（联）连合全国团体，一致签名发表。并由各省各县学生，在各处召集露天国民大会，当众宣讲，处处布告，一致通过。通过之后，不但使全国国民脑筋印一个极深的民治观念，而且将来制宪的时候，不问他是国民大会也好，是正式国会也好，对于这全国国民一致的表示，总“百变不能离其宗”。

这不但是中国宪法史上极其重要的一件事，并且是世界人权史上极其重要的一件事。①

① 罗家伦《临别时一个紧急动议》一文，原载1920年9月7日北京《晨报》，第2版。参见刘维开编著《罗家伦先生年谱》，第31~32页。

罗家伦怀揣对“中国宪政”的梦想离开了命运多舛的祖国。自民国建立以来，近代立宪进程基本是围绕“天坛草案”在演变发展。“天坛草案”提出后的十年间，制宪工作分别由三个方面在进行，“一是广州国会的议宪；二是直系‘恢复法统’后北京国会的立宪；三是安福国会的议宪。前两者承认‘天坛草案’，安福国会则否认‘天坛草案’”①。

段执政提出的“八年草案”，反映出段氏与安福国会对宪法进行改革或重新设计政体的真实意图，但在民国一系列宪政危机中，“几乎都有军阀政治的参与”，军阀政治的特点就在于“形式上不否定宪法及其宪政体制的权威性，而在实质上则奉行以强权和实力作为政治游戏的最高规则”②。罗家伦此时大谈“民治观念”，甚至提出制定中国的“人权宣言”，并以英、美、法等国作为参照系，可说是经历了从一次“文化运动者”到“宪政理想者”的蜕变。他在动议中所说的“民治观念”，十分贴近胡适等人所倡言的“民治主义”，那就是“人人要负责，要尊重自己的主张，要用正当的办法来传播自己的主张”③。

……

六年之后，罗家伦在有过短暂教席之后，从此踏上为政之途，可

---

① 徐矛著《中华民国政治制度史》，上海人民出版社 1992 年版，第 108 页。

② 陈峰著《中国宪政史研究纲要》，贵州人民出版社，2003 年 1 月第 1 版，第 143 页。

③ 胡适、蒋梦麟《我们对于学生的希望》一文，参见张忠栋、李永炽、林正弘主编《现代中国自由主义资料选编②：五四与学生运动》，第 204 页。

说是激于大革命年代的催生，也是他本人对“国民革命”在思想和行动上的趋同。罗的气质中有一种豪迈的“革命情结”，这不仅在于“五四运动”中所扮演的角色，还有北伐时视死如归的那种勇气，“世界上只有杀得死的革命党人，决没有吓得走的革命党人”①！1928年，北伐成功，北洋政府不复存在，国民党在形式上统一了中国。国民政府任命罗家伦出任清华大学校长，推荐人是对他知之甚深的蔡元培。蔡对他寄予很大希望，“交付他的任务是加速推行清华的改制，在一个用美国退还庚子赔款设立的留美预备学校基础上，建立起一个完整的国立大学”②。“国立清华大学”是罗上任之后才改定的。时任外交部长王正廷不主张加“国立”二字，担心美国朋友看了不高兴。据罗家伦后来说：革命的时代，还有一批人有一点革命的劲儿，“就本着这点革命的劲儿，把清华定为国立”③。

这一年，他三十二岁。

---

① 1927年4月国民党中央为培植人才，决定在南京创办中央党务学校，蒋介石亲任校长，戴传贤为教务主任，罗家伦为副主任。8月，蒋介石宣布下野，罗受命代理校务会议主席。时孙传芳部五万余人攻打南京，发生龙潭之役。罗闻讯从上海赶回南京，对全校师生表示同生死、共患难，决不后退半步。参见蒋永敬《罗家伦先生的生平及其对中国近代史研究的贡献》一文，第726~727页。

② 参见罗久芳著《罗家伦与张维桢——我的父亲母亲》，第120页。

③ 罗家伦《一个饶有兴趣的斗争》一文，收录于《文化教育与青年》，上海商务印书馆1945年版，第116页。

聂绀弩的诗与侯井天的注

解玺璋

聂绀弩不主张为诗加注。1982 年 8 月，他的《散宜生诗》出版，胡乔木曾为之序。胡序在《人民日报》副刊转载时，特意加了一条自注，来表达他的意愿：

“为了帮助青年的读者理解这些诗作，我盼望人民文学出版社能在再版这部诗集的时候加上一些必要的注解。”

但聂绀弩似乎并不领情，他在当年 10 月写给舒芜的信中说：“尤其是诗，有一两个真正读者能看懂了，会心一笑，已为极境。何必硬要人懂，硬要人读？曾有什么诗什么会之类来要诗，并要交代清楚，我实感作诗就是犯案，注诗就是破案或揭发什么的。”而且，他也不认同为了青年读者能读懂这些诗而必须加注。“三草是青年必读书么？”对此，他显然是表示怀疑的。

一年之后，他再次致信舒芜，又讲到这个问题："但拙诗加注，我本无此意，能有一二读者真能会心一笑，且非初望所见。何必如青年必读书或某种教科书，硬塞与人，惟恐其不解乎。"然而很快，还是有了朱正的注。我最初读聂诗，就是用朱正先生的注本。看上去，聂绀弩对于"朱注"还是很满意的，他在《后记》中写道："古人哪怕是李白、杜甫，他们的诗都是身后别人替他们搜集的，都是抄本；印刷、笺注就更后了。时代多么不同呵，我的这几首歪诗，谈得上什么呢，却让我及身看到它们的印本、注本，甚至还是'朱注'（算不算典故?）。"所以他又说："这决不是坏事而是好事。"

不过，聂绀弩在注诗问题上的游移，在他恐怕还有更深的考虑。他属于比较接近"五四"的那一代人，看问题容易从这里出发。他所谓好事云云，就是看到了"五四"以后新文化的发展，造成了年轻一代与传统文化的隔膜，所以他说："用这注解替他们减少一些新旧间的隔膜，也不算毫无意义吧。"但他又不希望年轻人因此而迷恋旧诗，为此，他甚至"希望那些典故，吓住青少年：原来要读这么多书，能加运用，才能作诗！于是下决心不学旧诗，改学别的较好的东西。我又恨用的典故太少了"。他的这种想法在那一代人中是很普遍的，一方面是自己"自得其乐"，另一方面又不希望青年人沾染这样的"低级趣味"。这种纠结除了他们的自谦，或者还源自近现代以来新旧文化的两分法，以为旧诗不适宜新的时代、新的文化。其实不然。聂绀弩的诗作恰恰自证了旧诗是可以表现新的生活，表达新的情感的。

事实上，就我辈读者而言，读聂诗，是必须依赖注解的。不仅古典要注解，今典恐怕更要注解。我们对于朱注略感不满足处，正是他的只注古典，不注今典。很多时候，古典还可以查书，今典却往往无从下手。聂诗的一大特点，即怀人纪事，但有些人和事随着当事人的辞世，后来人怕是永远也搞不清楚的。这就是所谓今典，今典不注，后人读诗，只能是一头雾水。“一篇锦瑟解人难”，就曾留下千古遗憾。难道这样的遗憾，今天还要延续吗？幸好，在聂绀弩身后不久，就有一位侯井天先生挺身而出，来做聂诗的“解人”，也弥补了朱注不注今典的遗憾。

侯井天者，山东齐河人，20 世纪 50 年代末，在东北虎林的草苫房子里，曾与聂绀弩有过一面之缘。有趣的是，连他自己也没有想到，离休之后，他竟迷上了聂诗。起因是 23 年前首次读了聂绀弩的《散宜生诗》，使他的心灵受到了强烈震撼。此时，他忽然有了“想更深地了解他，并且发愿让更多的人了解他”的愿望。于是，从 1986 年 9 月开始，他便将余生全部献给了聂绀弩的诗作。这时，聂绀弩刚刚去世 6 个月，他恐怕也没有想到，他尽管不主张为自己的诗加注，却因此得到了一个真正的知音。只不过，这个知音不能满足于自己的“会心一笑”，他还想让更多的人，特别是年轻人也能“会心一笑”。所以，他不仅要注诗，还要为诗作句解和集评，特别是以锲而不舍的精神搜集佚诗。1985 年,《散宜生诗》的增订、注释本出版，其中收入聂绀弩诗作 262 首，篇目和顺序都是聂绀弩“亲定”的。到了 2005 年的 9 月，侯井天自费出版《聂绀弩旧体诗全编》(句解、详注、集评本）第 6 次印本，所收散佚在外（《散宜生诗》之外）的聂诗已达 378 首，超出《散宜生诗》一倍还多，这些所辑佚诗被统称为“拾遗草”。最近山西人民出版社出版的煌煌三卷本的《聂绀弩旧体诗全编注解集评》，用的就是这个版本。

我们知道，由于聂绀弩特殊的身世和经历，他的诗作曾大量散佚，情况相当严重，甚至有过“曾全失去”的担忧。所以，要把散佚的诗作全部搜集起来，非有坚持不懈、持之以恒的精神是做不到的。为此，侯井天付出了异乎寻常的努力。在 23 年漫长的日子里，他集中了全部的精力和财力做这件事，不计利害得失，不畏艰难困苦，其精神怎不令人深深地感佩！诗学大师程千帆教授在致舒芜的信中说：“井天之工作，实具墨子精神。”墨子的精神是什么精神呢？也就是梁启超所说的“自我牺牲的精神”。程千帆教授因此而感慨，这种精神“真当世所稀也”！更能体现其工作价值的，是他对聂诗的“句解、详注和集评”。姚锡佩先生在 1991 年 10 月写给侯井天的信中，全面、中肯地概括了“侯注本”及侯井天注聂诗的贡献主要表现在四个方面：“1. 对诗题人物的介绍；2. 对于‘本事’的解释；3. 对各家注释的介绍；4. 对生僻名物、典故的注释。”他说：“这四方面您做得极好。”他在一篇文章中还写道："被人称为'史诗'的绀弩诗一经编注，活脱脱地如一部'人物志'，如一部'中国现代史'，如一部'社会风情史'，更是一部'诗论'，令人读来，不仅诗味更加醇厚，而且思路广开，心领神会，兴趣盎然。"这种见解，应该说是知人知书之论。

不过，"诗无达诂"。虽然有人曾经说过，侯井天此举当令杜甫在九泉之下对聂绀弩称羡不已，但是也要看到，"侯注本"的过繁、过细，特别是他的句解，也在很大程度上局限了聂诗的意味和境界。事实上，侯注本最重要的贡献，我认为还是"尽可能地钩稽出了每首聂诗的写作年代"，这对于读者了解每首诗的历史背景，进而了解作者的初衷，更进一步理解诗人所要表达的情感和思想，是大有裨益的。古人就有知人论世的说法，孟子对他的学生万章说："颂其诗，读其书，不知其人可乎？是以论其世也，是尚友也。"意思就是说，不了解古人，不了解古人的时代，就不容易读懂他的诗或他的书。聂绀弩去我们不远，但有些人和事如果不加说明，怕也是不易明白的，所以需要这样一个"破案或揭发"式的注本，应当说，"侯注本"就是一个最完备、最详尽的关于聂诗的注本。可诗毕竟是诗啊！我们读诗的乐趣，往往不在于懂得，而在于会心，"每有会意，便欣然忘食"。如果把注意力仅仅放在名物训诂考据上，放在逐字逐句的解释上，就会忽略艺术的欣赏，诗也就变得索然无味了。孔子说"知之者不如好之者，好之者不如乐之者"，讲的就是这个意思。聂绀弩一再强调"能有一二读者真能会心一笑”，也是希望读者能与他碰撞出一点心灵感应的火花，并由此达成一种理解或共鸣，也就足够了。诗若讲得明白如话，其实是很煞风景的。

姚锡佩先生在充分肯定了侯井天的功绩之后，也善意地指出：“以我看来，翻译部分是最难的，也是最容易招致非议的，吃力不讨好。实际上只要把难解的字、词、人、事、典故注释清楚了，一般读者就了解了诗意，所以最好不要翻译，更不能像你这样繁杂的翻译，何不把这取消，既省文字，又使人读起来顺畅。”

这真是一个很好的建议。

师友都成不再人

张大春

杨钟羲曾任清代江宁知府，入民国后，隐居著述，以“雪桥”之名行世，著有《雪桥诗话》十二卷，二集八卷，三集十二卷，余集八卷。作为一位望重学林的诗词前辈，杨钟羲的遗老身份似乎掩压了一切，据说到晚年他办“雪桥讲舍”，学生就只有打从东洋来取经的《述学斋日记》作者仓石武四郎和著有《中国诗史》《中国文学史》的京都派汉学大家吉川幸次郎两个人。

之所以会提到这位遗老，是因为路过新公园，见有三两老人家枯坐音乐台前，嗒然若有所失之故。雪桥老人早在1940年就已经过世，根本没来过台湾，没见过新公园，我这“忽然想到”从何而来？

那得从一首诗讲起。诗题《葵霜遗影》，要先作一解释：葵花向日，所以在古诗文里，经常有“思慕”的意思，谓之“葵心”。葵心带霜，意思是说连这思慕之人都已经年华衰老，颇有此生既无所依傍，又不堪回首的况味。这首《葵霜遗影》是这么写的：

荷衣出拜忍回思，梦里依稀是旧时。人物却从猿鹤化，画图惊见雪霜姿。

百年劫运哀难挽，隔世心情有谁知。应与先公相对泣，岂惟葛练念孤儿。

依句读来，大约可以明了：这是一个自己也上了年纪的人在经历了大时代的波涛淘洗、云雨翻覆之后，忽然梦回客地，一身与世相隔，回首思亲，瞻顾弗及，只余无限飘零的憾恸。

这首诗的作者如今已经没有人提及了。他叫杨鉴资，是杨钟羲的儿子。杨鉴资生于晚清，长于官宦之家。即使在民国肇造之后，他仍赖乃父雪桥老人的庇荫，过了一段衣食无虞的丰腆岁月。雪桥辞世之后，杨鉴资还一度在江苏监察使公署担任过国民党党国大老程沧波的文札秘书。一直到国府播迁，他也就只身来台了。由于国变仓促，囊橐萧然，杨鉴资来台后过着极为清苦的日子。每天就是到公园茶座，泡一杯酽茶，饿了便吟诗，有点儿友朋们接济的零用钱，也只能于傍晚时分到小摊上自斟自饮两杯，聊以薄醉押眠。

1967 年冬某日，杨鉴资忽然来到交通银行找一位老友李猷，说是要到空军总医院检查肝病，不料三天之后，忽地身体不支，便遽然过世了。据说身后遗留了大批笔记之作，记述了他自己曾经亲历或闻见的晚清史事，然而直到今天为止，这批笔记和他的诗始终未见刊行。杨鉴资的一生，大约仅见于李猷所著的《近代诗介》，寥寥几页，却足见一濡染家学的诗人如何被一个动乱不已的时代给蹭蹬掉、摧毁掉的痕迹。

这些痕迹，果真就永远沦失了吗？我每回行经新公园或是中华路，总会想起多年前随处可见的满室烟霭缭绕、藤椅矮几纷陈的茶座，座间每每是那些即将作“蝯猿鹤之化”的老者。我幼小时经过那样的处所，必然屏息快步，不敢沾染些许腐坏残朽的气味。犹记某日某茶座之廊前，有一老者，猛可起身，向路过的我微笑招手，我拔足狂奔了好一程，回头再看，依稀仍见其微笑招手之态，真是恐怖极了。

杨鉴资有一首带着“微笑招手”风度的诗，而今读来却感我至深：

梦回四十五年春，师友都成不再人。一觉犹惊耆旧在，浮生端与水云亲。

江南风物刚三月，上巳莺花负此辰。凤泊鸾飘无定所，天留老见海扬尘。

这首诗作于诗人过世前三年，题为《上巳梦己未禊集情景真同隔世矣》。“上巳”是三月初三，春景佳节，然而诗人梦见的却是民国八年（己未）的一次雅集。雅集之人有谁呢？答案啊答案，在茫茫的风里。

1955 年：著名文化人收入知多少？

智效民

收入水平和生活状况

1955 年 11 月，中共中央决定召开一个全面解决知识分子问题的会议，并成立以周恩来为首的“中央研究知识分子问题十人小组”，负责这次会议的筹备工作。12 月 27 日，该小组在全面调查的基础上，提出《关于高级知识分子待遇问题的意见》（以下简称《意见》）。《意见》认为：新中国成立以后，知识分子虽然有公费医疗等各种福利，但是与过去相比，他们的工资待遇还是低很多。比如，抗战前大学教授的最高工资是 600 元，可以折合人民币 1500 元，现在的最高工资只有 252. 6 元。抗战前副教授的最高工资是 360 元，折合人民币 900 元，现在只有 197 元。其他领域的知识分子与大学教师的情况相似。在文艺界，电影演员赵丹1936年的月工资是180元，折合人民币450元，如今的工资只有220元。从各方面的情况来看，当时高级知识分子的工资收入，大约等于抗日战争之前的1/5左右。如果考虑到物价因素，中国在1955年的生活水平可能要比抗日战争前降低10来倍甚至更多。

《意见》指出，目前高级知识分子的生活状况是：大部分够吃够穿，但不宽裕，小部分感到生活困难。据天津南开大学经济系最近的调查，全系讲师以上49名教师中，近2/3够吃够穿够零用，但不能添置重要物品；1/3感到生活困难；生活较宽裕者只占5%（多为家庭负担轻者）。据科学院1954年对北京地区155名高级研究人员的调查，生活困难者约占3.6%，今年的情况因已采取了一些临时救济办法，略有改变，但基本状况和南开大学的情况相似。此外，由于缺乏一套合理的制度，高级知识分子的生活条件也存在不少问题。在这些问题中，首先是"住房太小，大人小孩挤在一起，没有书房，不能在家进行研究工作，又影响休息"；其次是交通不便，"许多人的宿舍距办公室较远，每天要在路上耗费两三个小时"；第三是"吃饭要和年青人一样排队，……吃不好，又劳累"；第四是"得不到较好的医疗条件，没有休假制度"。至于政治待遇，则存在信任不够、尊重不够、有职无权、关心不够和会议太多等问题。

著名科学家的工资

《意见》还附有全国 860 位（男 839 位，女 21 位）高级知识分子及高级艺人的名单（草案）。这些人大多分布在中科院、中央各部委和军队系统中。其中，中科院院长郭沫若是行政二级，工资 500 元；副院长陈伯达的级别工资不详；副院长李四光、竺可桢是行政五级，工资 340 元；副院长陶孟和与历史研究所第三所所长范文澜是行政六级，工资 300 元；副院长吴有训是行政七级，工资 260 元。

除了这些领导干部之外，中科院的科学家们大多享受研究人员待遇。其中，物理学家严济慈、钱三强、钱学森、赵忠尧，数学家华罗庚，植物学家钱崇澍，古生物学家杨钟健，药物学家赵承嘏，生物学家秉志、贝时璋，庄长恭，冶金专家周仁等人是特级研究员，工资 270 元；历史学家顾颉刚、罗尔纲，物理学家彭桓武、王淦昌、赵九章、张宗燧、顾功叙，古生物学家斯行健，地质学家侯德封、张文佑，植物学家胡先骕、罗宗洛、殷宏章、汤佩松，动物学家朱洗、王家楫、伍献文等人是一级研究员，工资 228 元；植物学家林镕、张肇骞，昆虫学家刘崇乐，语言学家丁声树，生化学家王应睐，考古学家夏鼐、裴文中，化学家柳大纲、汪猷男，物理学家钱临照、施汝为、陆学善、陈宗器等人是二级研究员，工资 200 元；语言学家吕叔湘、陆志韦，土壤学家马溶之、熊毅，昆虫学家朱弘复等人是三级研究员，工资

185元。

61岁的陆志韦曾任燕京大学校长，是美国芝加哥大学心理学哲学博士，也是我国心理学界的权威。把他定为三级研究员，恐怕与1952年他是三反运动的“中心人物”（竺可桢语）有关。在四级研究员中，只有经济研究所副所长严中平在这个名单中，他的工资是170元。从这里，似乎也反映出中国经济学的研究水平。另外，不知是什么原因，文学研究所何其芳、俞平伯，历史研究所侯外庐等人没有定级，工资为185元。

著名教授的工资

在教育系统中，北京大学校长马寅初为行政二级，工资500元；中国人民大学校长吴玉章为行政三级，工资440元；教育部副部长叶圣陶为行政七级，工资260元。除此之外，其他人大多享受教授待遇。有意思的是，鲜为人知的山东工学院刘先志为特级教授，工资350元，尽人皆知的陈寅恪、李达、陈垣为二级教授，工资253元（该名单没有一级教授）。这一方面说明文科学者比工科专家的知名度高，另一方面也反映出当时重理轻文的政策倾向。

在三级教授中，有北京大学副校长汤用彤、厦门大学校长王亚南、清华大学副校长刘仙洲、南京大学校长潘菽、复旦大学校长陈望道、中山大学校长许崇清、华南农学院院长丁颖、华东师范大学校长孟宪承等，工资235元。在四级教授中，有北京大学周培源、翦伯赞、曹靖华，复旦大学苏步青、陈建功，南开大学杨石先（副校长），中山大学姜立夫，北京政法学院钱端升（院长），天津大学张国藩（副校长），交通大学程孝刚、周志宏、陈石英，北京农业大学戴芳澜，南京农学院金善宝（院长），北京师范大学傅种孙（副校长）等，工资217.8元。在五级教授中，有北京大学饶毓泰、叶企荪、向达，清华大学梁思成、钱伟长、张子高、马约翰，中央民族学院费孝通（院长），南开大学吴大任、邱宗岳，南京大学李方训，东北人民大学唐敖庆，山东大学童第周、陆侃如，同济大学夏坚白、叶雪安，交通大学陈大燮、朱物华、钟兆琳，浙江大学王国松（副校长），北京农业大学俞大绂、黄瑞纶、沈其益，北京师范大学黎锦熙、钟敬文等，工资200.20元。在六级教授中，有北京大学冯友兰、唐钺、江泽涵、冯至、魏建功、游国恩、王力、季羡林，清华大学陶宝楷、施家炀、张光斗、孟昭英，复旦大学郭绍虞、谈家桢，山东大学冯沅君，云南大学刘文典，北京师范大学黄药眠、谭丕模、蒋硕民，华东师范大学胡焕庸等，工资184.80元。在七级教授中，有北京大学朱光潜、厦门大学卢嘉锡等，工资169.4元。在八级教授中，有北京师范大学陶大镛、南京师范学院傅抱石等，工资156.2元。从这个名单中可以看出，饶毓泰、冯友兰、唐钺、刘文典、朱光潜、傅抱石等人的定级明显偏低，这无疑是非学术因素在起作用。

文艺界著名人物的工资

在文化系统中，文化部部长沈雁冰为行政三级，工资 440 元；文化部副部长丁西林、郑振铎、夏衍，人民出版社社长冯雪峰，中国文联秘书长阳翰笙是行政七级，工资 260 元；文化部艺术局局长田汉、中央音乐学院院长马思聪和中央戏剧学院院长欧阳予倩是行政八级，工资 230 元；中央戏剧学院副院长曹禺和中央音乐学院副院长吕骥是行政九级，工资 200 元；中国美术家学会秘书长华君武是行政十级，工资 170 元。

文化系统中有“文特”、“文一”、“文二”等级别。现将其中部分著名人物列出，供大家参考。享受“文特”待遇者，有中央美术学院教授齐白石、文化部电影局副局长蔡楚生和中国戏曲研究院院长梅兰芳，齐、蔡二人的工资是 230 元，但梅兰芳的工资是 163 元。享受“文一”待遇者，有北京人民艺术剧院副院长焦菊隐，工资 210 元。享受“文二”待遇者，有中国青年艺术剧院副院长孙维世，中央戏曲研究院马可，中央歌舞团戴爱莲，《美术》月刊编辑王朝闻，人民美术出版社的古元，以及上海电影制片厂导演张骏祥、黄佐临、沈浮，演员白杨、舒绣文、金焰、赵丹，摄影师吴蔚云等，工资 190 元（在赵丹的工资问题上，该文件前后不一致）。享受“文三”待遇者，有上海电影制片厂导演汤晓丹和特伟，工资 172 元。享受“文四”待遇者，只有中央新闻电影制片厂的毛泽东私人摄影师徐肖冰，工资 154 元。除此之外，北京图书馆善本部主任赵万里、群工部主任陈万里、故宫博物院研究员唐兰是五级研究员，工资 156 元；中央音乐学院华东分院院长贺绿汀是六级教授，工资 184 元；中央音乐学院副院长缪天瑞、中央音乐学院华东分院歌唱家周小燕、中央美术学院副院长吴作人、中央美术学院华东分院院长刘开渠等人是七级教授，工资 169 元；中央音乐学院喻宜萱，民族音乐研究所副所长杨荫浏，中央美术学院叶浅予、董希文等人是八级教授，工资 156 元。此外，《大公报》社社长王芸生也被列入其中，工资 192 元，但级别空缺。

在《意见》的正文中，还有这样一段话：“……过去有 15 名演员已经领受特殊的工资待遇，每月报酬均在 500 元以上，有的达到 1000 元。这些人是：袁雪芬、常香玉、袁世海、李和曾、李在雯、叶盛兰、李少春、张云溪、新凤霞、陈伯华、傅全香、范瑞娟、徐玉兰、薛觉先、白驹荣。另外，梅兰芳现在的名义工资仅 163 元，但自己有一个剧团，收入自理，从没有领过工资；周信芳、程砚秋是分红制，每月约 1500 元；马连良、谭富英、裘盛戎在民营公助剧团，马连良每月 1700 元，谭富英每月 1600 元，裘盛戎 1500 元。”

除此之外，《意见》中还有一份“全国著名高级艺人名单”。其中，湘剧演员徐绍清、桂剧演员尹羲的“基本工资”约100元，晋剧演员冀美莲约400元，中央实验歌剧院昆曲教员韩世昌约172元，中国戏曲学校副校长肖长华约205元，广播事业局相声演员侯宝林约240元，中央实验歌剧院演员王昆和郭兰英是138元。沪剧演员丁是娥、秦腔演员苏育民、河北梆子演员韩俊卿、川剧演员陈书舫、京剧演员盖叫天等大部分人在“基本工资”一栏中空缺。这说明当时演艺界的收入情况比较复杂。

需要说明的是，由于作家有稿费收入，因此这份名单没有他们的名字。对于这一点，《意见》作了如下说明：“作家今后得到报酬的主要方式是稿酬，新的稿酬办法文化部已经拟定。根据新的稿酬标准估算，作家的收入将比过去有所提高。”它指出：一般作家每年平均写一部7万字的小说，印3万册，全年就有2380元收入，平均每月200元。如果是著名作家，可能会更高。比如老舍，从1950年至1955年，每年写15万字，收入7950元，平均每月659元。刘白羽每年写15.4万字，但由于稿费比老舍低，因此一年可以得到稿费6545元，平均每月545元。

改善知识分子待遇的设想

《意见》的第二部分是“改善工资待遇和生活条件的办法”。《意见》指出，社会主义的分配原则是按劳取酬，“高级知识分子在社会主义建设中担负着复杂的脑力劳动，有极大的作用，应该给予较高的待遇”。然而现在的情况是：“担负科学、技术、教育、卫生、文化工作的主要任务的学者专家，绝大多数人（约占 70%左右）基本工资在 20 元上下。”因此，“首先对这 800 余人实行特定津贴，把他们的工资收入提到较高水平，是完全必要而且可能的”。

基于这一考虑，《意见》在改善工资待遇方面，提出如下方案：

1. 凡列入给予特定津贴名单的人，均增加基本工资的 80%。原基本工资的物价津贴，保留不动。

2. 列入给予特定津贴名单的人，若原定工资等级显著过低，应事先加以个别调整，然后再增加特定津贴。

3. 杰出的新生力量，应破额待遇。

4. 担任行政职务的学者专家，计算特定津贴时，应以其学术或技术职务的基本工资为基础。（共 7 条，下略）

《意见》还指出：“在采用特定津贴办法的同时，工资以外的生活条件必须加以改善。最主要的，各部门应该尽速订出适合科学技术人员情况的制度，不应继续搬用行政机关的制度。过去那样做，形成行政等级是决定待遇的唯一标尺，担任了一定的行政职务，就能得到一定的待遇权利，否则，什么都没有份儿。这很不合理，流弊极多。有些专家反映：现在一切都要挂‘长’字的才行。国家正在进行建设，需要使用各种人才，应该分别地、合理地对待他们，才能发挥他们的积极性，按行政等级的标尺来衡量一切的简单办法，已落后于客观形势，必须改正。新的制度，必须突破这个老规矩。”

1956 年 6 月，国务院颁布了《关于工资改革的决定》。其中规定，一级教授 345 元，二级教授 287. 5 元，三级教授 241. 5 元，四级教授 207 元。由此可见,《意见》提出来的方案并没有被采纳。

（摘自《同舟共进》网易官方博客）

下篇

文人风骨

辛亥与儒

陶短房

孙中山曾自称“洪秀全第二”，而在那个对太平天国运动一知半解的年代，不论革命的发动者、支持者和镇压者、反对者，都习惯于将这两个同样由广东人发起、同样以反清为宗旨的运动等量齐观，清廷说革命是“长毛余绪”，而革命党人则杜撰《石达开遗诗》《太平天国战记》来“激发民气”，果真吸引了如洪全福等太平天国后人投身革命。

冥冥之中，两次革命似乎有着不绝如缕的关联：都源自广东，都和外国有关联，甚至起事年份都有很多巧合——太平天国元年是1851年，中华民国元年是1911年，正好差了一个甲子，都是辛亥年，只不过太平天国修改了三个地支，“辛亥元年”被写作“辛开元年”而已。

然而只要静下心来想一想就不难发现，时隔一甲子，两次革命最大的区别是，儒生的态度发生了重大变化。

当太平军在三江两湖纵横驰骋，清廷的江山摇摇欲坠之际，曾国藩，一个在籍办团练的挂名侍郎、颇有名气的经学家和桐城派文人，写了一篇振聋发聩的《讨粤匪檄》，里面字字血泪，痛斥“士不能诵孔子之经”，“举中国数千年礼仪人伦、诗书典则，一旦扫地荡尽”，声称“此岂独我大清之变，乃开辟以来名教之奇变，我孔子、孟子之所痛哭于九原”，号召“凡读书识字者，又乌可袖手安坐，不思一为之所也”。他当然不是光喊几句，而是仿效桐城派前辈傅鼐的成制，建立了一支“儒生帅乡农”的全新武装——湘军。这支军队的各级将领，除了个别例外，大多数是举人、监生、贡生、低级候补官吏等中下阶层儒生，后来崛起的淮军、楚军，也都是以这种“儒生帅乡农”模式建立起来的。不但曾国藩的门生弟子这样做，甚至他的冤家对头也不例外。曾是曾国藩早期合作者、后来反目成仇分道扬镳的王鑫同样办勇营，他不但“以儒生帅乡农”，甚至打算把乡农都变成儒生，行军打仗，每逢闲暇，就组织士兵集体学习《孝经》和《四书集注》，以至于他的大营总是书声琅琅。

可以说，儒生们出于捍卫儒家地位、儒学道德人伦而发起的绝地反击，是清朝起死回生、反败为胜的关键。那些高呼“国家二百年养士之报”，冒锋镝舍性命，与“反贼”做生死之搏的举人、秀才和童生们，堪称维系清朝帝系不绝的根本。

那么，何以仅过了 60 年，曾经迸发出无穷战斗力，曾国藩所云

"忠义血性"的儒生们，竟一下消失无踪？革命军兴，清廷所最能倚靠的，是由旧军改编、流品混杂的巡防营、江防营，而大批穿着学生服的书生，却吟咏着《革命军》《警世钟》，义无反顾地向清廷射出自己的子弹？

事实上，那些功成名就之士，或称"高级儒生"，仍然大多站在清廷一边。

辛亥革命时已去世的儒学名臣——出则封疆大吏，入则部堂台阁的张之洞，在去世前十年潜心研究"儒学救国""保国保种"之术，提出著名的"中学为体，西学为用"。所谓"中学"，说的正是儒学；"盖不易者三纲五常"，"而可变者令甲令乙"，尽管主张体例、章程现代化，但君臣父子、忠孝节义等儒家纲常却绝不能变，说的也还是儒学。他在辛丑之变后，接连领衔提出《江楚会奏变法三折》，连篇累牍，苦口婆心，说的无非都是儒学。

同样在辛亥革命前去世的另一位儒学大师，被称作"晚清经学后殿"的孙诒让，尽管官运多舛、但同样功成名就的他一向主张"以尊孔振儒为名，以保华攘夷为实"。1901 年清朝发布"新政上谕"后不久，他就推出苦心编纂的"变法条议"40 则，其中不但把各项改革救亡的措施都附会成《周礼》早已有之、"若合符契"的内容，将改良附会成"以《周礼》为纲，以西政为目"的"复古"，希望儒学能够救清朝，甚至希望儒学和清朝一起"中兴"。

早已因戊戌变法失败被排挤出清朝政治中心的康有为，则一如既往地固守“新派儒学宗师”的阵地，不但继续阐发《孔子改制考》《孔子伪经考》中那些所谓“新发现”的“儒家学说”，将“康学”大力丸包裹上“儒学”的糖衣到处兜售，而且试图以西方教会的形势，把儒学真正改造成“儒教”。虽然“孔教会”直到辛亥革命后的1912年10月7日才成立，但“以孔子诞辰为纪年”“尊孔教为国教”等主张，却早在辛亥革命前、甚至戊戌变法前便已喊得山响。

而排斥、反对康有为的国内学术主流，也并非反对尊孔、尊儒，而是将康有为斥为“伪儒”，认为批驳“康学”不但不是和儒教作对，反倒是为儒家正本清源的“卫教”义举，如叶德辉、张之洞，所持的便正是这种立场。

一些论者以为，清末大办新式学堂，废除旧学，导致民间对儒学典籍、教条陌生，是辛亥革命期间儒家不能再度力挽狂澜的症结所在。他们举出的例子是：1902年“教改”前夕，中国只有新派学生6912人，而辛亥当年则有新式学堂约52500所，新派学生逾160万人。

然而这只是问题的一方面，事实上，废旧学、兴新学，并未导致儒学的曲高和寡，相反，儒学教育的覆盖面甚至比以前更高。

1902年公布的《钦定学堂章程》规定，蒙学堂（学前班）4年，要通习《四书集注》，全部学时中，约1/3为“读经”和“修身”，而“修身”的内容为“教以孝悌忠信、礼义廉耻、敬长尊师、忠君爱国”，完全是儒家的道德规范；初小每周课时 30 小时，其中修身 2 小时，读经 12 小时，占了差不多一半（相比之下，算术 6 小时，国文 4 小时，历史、地理和物理则各仅 1 小时，甚至不如体操的 3 小时），甚至规定，5 年初小必须读完儒家典籍“十万零一千八百字”；高小课程每周 36 小时，其中修身 2 小时、读经 14 小时，也占了 44.4%（其余为文学 8 小时，算术和体操各 3 小时，历史、地理、物理、图画各 2 小时）；中学堂（初中）要求每周修身、读经、温经 9.5 小时；高等学堂（高中）设立“人伦道德”和“经学大义”两门儒学科目必修课，每周 3 小时（总课时为 36 小时）。由此可见，从学前班到大学门槛，中国学生仍然将大量时间用于儒学学习，且因为谙熟新式教育的师资匮乏，在许多新式学堂里，儒学课程的比例还要更高一些。

不仅如此，1906 年颁布的官方教育宗旨，一共两类、五条。其中第一类“忠君”“尊孔”是典型的儒家条文；第二类“尚公”“尚武”“尚实”虽有新学气息，却也依然能从儒学经典中找到依据。正如清廷官方所阐述的，兴办新学堂的目的，是培养更多谙熟儒家道德规范、并因此激发出忠君保国“血性”的“爱国者”，而不是培养儒学的掘墓人——在他们看来，那不啻于培养自己的掘墓人。

由于新学校十分普及，受教育人数大增，加上民间以传统儒学教育为内容的私塾依然存在。不仅学校教育如此，在当时的官办、官商合办企业里也有“修身”教育，正在全国大办的新军，同样规定了

"读经"和"修身"的课程。可以说，清末的教育改革，事实上让儒学知识在民间和社会更加普及，而非相反。

既然如此，何以咸同年间的湘军、淮军可以"儒生帅乡农"，起来挽救清廷，而辛亥时如此普及的儒学，却无力挽回历史的宿命？甚至，湘军的故乡湖南，成了最早响应武昌起义、最早派出援鄂军队的省份，淮军的故乡安徽，不但革命军风起云涌，甚至连巡抚大人都当了革命军的都督？

首先，意欲"正本源、壹人心"的儒学，到了清末，自身就不那么"壹"，而是四分五裂，各说各的。

正统派里，既有主张"参用西法"的陈宝琛，也有主张守旧的叶德辉。主张变革的儒家宗师里，张之洞对"托古改制"不以为然，同属"托古改制"派的康有为和孙诒让彼此间不以为然，身为康有为弟子的梁启超，对乃师欲将儒学教会化的努力，态度也十分保留。除此之外，还有对他们均不以为然的章炳麟派。同样是"尊经"，陈宝琛眼中的"真经"，在康有为看来却说不定是"伪经"，反之亦然；同样是讲"华夷之辨"，叶德辉将清廷当作"华"，将西方教育、现代文明当作"夷"，而章炳麟则把汉族人当作"华"，将满族人当作"夷"。同样认为教育体系出问题，需要改革，张之洞等人拿出的方案，是废旧学，兴新学，而章炳麟却主张废新学，回归传统的书院体系。许应骙和康有为是同乡，都主张依托儒学，兴办洋务，却在上书中互相贬斥对方“品格败坏”“道德不堪”……儒学各派的自相矛盾，无形中削弱了“经典”的神圣性和权威性，这在清末这个古、今、中、外思想错杂的十字路口，无疑会严重影响其“战斗力”。这种现象在汉末、宋末和明末也都出现过。

比这更重要的是，中下层儒生和清廷出现了利益背离。

太平天国忠王李秀成在天京陷落后书写供词，总结“官兵中何事好何事不好，贼中何事好何事不好”时感慨，官兵中“多读书人”，而太平军“无读书人”，太平天国和知识分子未能形成利益共同体，是失败的关键。事实也的确如此，太平天国首义八人中，拥有功名的只有韦昌辉、胡以晃两人，且前者是捐的监生，后者是武秀才。清方情报汇总《贼情汇纂》中列入“剧贼”名单的几十人，拥有功名的竟只有何震川一人，且不过是级别最低的秀才。

自隋唐至清末，儒生和皇权就形成了一个奇妙的利益体：皇权向儒生提供源源不断的“上进”机会，正所谓“万般皆下品，唯有读书高”“满朝朱紫贵，皆是读书人”；儒生则以向皇权效忠、为王朝服务作为回报。二者间的纽带，则是科举制度。通过科举制度，那些或富裕、或贫穷的书生便可“十年铁砚寒窗苦，一旦成名天下知”，考上功名固可步步高升，改变命运，即便考不上也有个朦胧的希望，吸引大批底层儒生毕生为功名埋首案头，从而大大减少了社会不安定因素。毕竟，即便是科举失意者，大多数也会变成杜甫、范进或蒲松龄，变成黄巢、洪秀全的只是极少数。

正是这种利益共同体，让基层儒生在历次民变中充当了卫道士角色。他们兴办团练，制定村规民约，捐助军饷，帮助维持地方秩序，并最终在大决战般的太平天国时代，让“儒生帅乡农”的勇营，成为国家的经制军队和清朝的中流砥柱。那些一边喊着“国家二百年养士之报”，一边效死的基层儒生，实际上喊出了双重含义——“国家”得先“养士”，“士”才能以死回报这样的一个“国家”。

然而这一切都随着科举的废除而荡然无存。

1898 年 6 月 16 日，康有为率先提出“废八股”，认为八股取士不合时宜，不利于选拔真正人才；1901 年 8 月 28 日，清廷采纳张之洞、刘坤一等人建议，宣布自次年起废除八股，改试策论、时务；1905 年秋，袁世凯等人上书请废科举，9 月 2 日，清廷颁布上谕，宣布“自丙午科（1906 年）为始，所有乡、会试，一律停止。各省岁、科考试，亦即停止，“其以前举、贡、生员，分别量予出路”，从此断绝了基层儒生通过读书、科举改变命运的希望。

固然，取士制度的改革目的在于与时俱进，救亡图存，更科学地选拔人才，但客观上这种做法却让曾是皇权最忠实支持者的基层儒生，一下成了被砸掉饭碗、前途和梦想的“仇恨一族”。如果仅仅是废除八股，改革科举方式，他们是支持的，事实上最初提议这样做的，正是在“公车上书”中十分活跃的举人、秀才们。而废除八股后，各地着魔般地兴办新学，甚至出现四十、五十岁老童生、老秀才去和孩童们一起上初小的画面。他们所执着的不仅是儒家尊严或规范，更是自己的前途和梦想。彻底废除科举，则让他们断绝了一切希望。

由于废除科举、兴办新学并非自然发展的结果，而是迫于外侮的急就章，许多配套制度并未跟上，“分别量予出路”在很大程度上成为空话，且越是低级别的功名，“出路”也就越差。早已出将入相的张之洞、陈宝琛，功成名就的康有为、孙诒让和盛宣怀们只看得见改制的好处，看不见“断人生路”的副作用（因为他们自己早已无需担心这些）。而大好青春虚掷、前途一片黯淡的基层儒生，则又往往只能看见“我的路在何方”的悲凉前景，而无暇体会这一改革“伟大深远的社会意义”。

在这种情况下，基层儒生们不得不另寻进身之所。

他们中不少人看中了新军相对完善、公平的人才选拔制度，开始打破“好男不当兵”的传统，投身行伍。而他们中也的确很快涌现出“平步青云”的榜样，如原本只是个秀才的蔡锷，弃文从武后不但一举成名，而且从军校毕业到官拜协统（旅长，军衔相当于少将），不过七年时间。尽管按照清廷的制度，即便当时身份最显赫的军事留学生，归国也只能授予守备、千总、把总（五品至七品）的官衔。但事实上由于清廷自 1905 年起推出新军编练计划，欲在五年内编成全国 36 镇（师）新军，并普及各级军事学堂，军事人才十分匮乏。许多“海归”

或“土产”的军校生很快被授予协统、标统（旅长、团长）或总教习之类要职，这吸引了大批有条件的低层儒生进入中外军校，条件不足的则直接报名入伍，从“大头兵”做起，一方面可享受当时颇令人羡慕的新军军饷待遇，另一方面也可借机进入新军的人才选拔体系。据记载，当时编制不到1.2万人的江苏新军第九镇号称“八千书生”，湖北新军第九镇和第二十一混成协共1.5万多官兵，儒生出身的下级军官和普通士兵也占据相当比例。

那些留洋、入军校的儒生很容易受到新思想的影响，而基层士兵的“儒生化”，则让这种新思想的传播蔚然成风。辛亥革命前夕，革命党在汉口附近大量印刷革命作品，新军几乎人手一册，若非有如此比例的“秀才兵”，这种鼓动即便有条件去做，恐也是对牛弹琴。

前途改变的感同身受，加上新思想的蔚然成风，把大量基层儒生从维护皇权的柱石，变成了颠覆皇权的中坚。那些争执不休的儒学名臣、大师们徒然提倡尊经尊孔，维护纲常，却在无意中犯了个致命的错误：他们误以为儒的力量在于典籍、理论、道德和规条，却不知君子、小人，都需先顾生存、顾前途。当他们的前途不再和皇权、“国家”紧密结合在一起时，什么儒家纲常、尊孔读经，也就成了被赫拉克利斯举离大地的安泰，看似躯体完好，体魄强健，却早没了当初的无穷力量。

绅权族权，乡规民约，纲常教条，这些儒家纲常、道德的毛细血管，事实上并未有太大的改变，直到“五四”、甚至更长的时间内，这一切仍是中国传统社会的主要维系力量。从这个角度看，至少在辛亥前后，儒家仍然是中国社会的思想基础，它的道德、伦理和基层组织力、凝聚力，也依然十分有力。只是其与王朝间不再拥有那种一度显得牢不可破的、共栖共生的利益关系，也便无意再自作多情，将自身的命运和王朝捆绑在一起。

这并非仅仅因为科举体制的崩溃。

废除科举的本意，是采用更符合时代要求的、新的取士方法，但现实中，伴随着科举的废除，任人唯亲、卖官鬻爵这些古已有之的弊端，更加有恃无恐地大行其道，而隆裕-载沣体制对皇族、八旗的仰赖，则把更多的上进之士推得离“我大清”渐行渐远。

随着传统经济的崩溃和商品概念的风行，绅商一体渐成趋势，许多读书人在科举之路断绝后，也主动投入商场。但清廷的腐朽、颟顸在商业领域同样体现得酣畅淋漓，既无力帮助民族工商业抵御洋商侵削，又纵容买办势力恣意鱼肉。当“国强”与“民富”成为一对矛盾时，“朝廷的自强”便成为与转变成商人的儒生们无关、甚至有害的东西——更何况“国”还在继续积贫积弱中。

当朝廷理财的妙手，最终伸向川汉、粤汉铁路的民间股权，而这些手握民股的，又多是绅士、儒生们之时，“我大清”便彻底将自己与基层儒生们放在了利益尖锐对立的层面：“修身读经”的说服力，在现实的利益冲突面前，显得如此的脆弱。于是曾经被“儒生帅乡农”力挽狂澜于既倒的清王朝，就在儒学大师们洋溢的热情和全国无处不在的朗朗诵经声中，先被一群先礼后兵、先眼泪后炸弹的西南读书人搅得天翻地覆，再被三江两湖那些脱去青衫，穿起军服，端起毛瑟步枪、手枪投笔从戎的书生们彻底颠覆。

研究辛亥，研究孙中山理论，人们往往重三民主义而轻五权宪法，且于“五权”中独轻考试权。事实上，“考试”并非单纯的教育制度，而是关乎一个政权生死的抡才大典。正是通过科举取士，满族统治下的清王朝才在200多年里，将原本心怀异志的汉族儒生牢牢捆在自己的利益共同体中，尽管当年如顾炎武、黄宗羲等儒学宗师心怀故国。也正是因为科举的废除和新的人才选拔机制扭曲，让千百万基层儒生离心离德，甚至倒戈相向，尽管从张之洞到康有为，从陈宝琛到王国维，绝大多数儒学宗师依然留着生理或心理的发辫，尽管儒学的社会、道德根基犹在，但多年以后，其根本还是被动摇了。

林语堂与鲁迅的意气之争

朴　素

鲁迅先生是每个中国人都知道的人，但他并不为任何时代的人们所接受。无论褒贬，大多是在借先生的尸骨来谋取某种利益。而鲁迅先生在各种话语的包装与打扮下，其本来面目还在否？这是大可值得怀疑的。中共领袖毛泽东虽对鲁迅评价甚高，但他对鲁迅的内心一无所知，徒以几顶高帽子抛在鲁迅先生的头上。革命需要的是立场坚定的服从者，而不是“横站”的怀疑者。虽然“被围剿的鲁迅”与“被神化的鲁迅”是不一样的，但我认为这恰恰是一枚硬币的正反两面而已。他们并没有触摸到鲁迅的真正脉搏，也许鲁迅是无法真正被阐释的灵魂，他的存在独独证明了文字书写的单薄与无力。然而为了不至于虚无化鲁迅，我们还是需要用文字来为鲁迅先生“招魂”，为先生筑一座文字之“坟”。

1936 年 10 月 19 日，鲁迅先生在上海逝世。曾与鲁迅并肩战斗过的学者林语堂在美国纽约挥笔写下了悼念文章——《鲁迅之死》，其文云："鲁迅投鞭击长流，而长流之波复兴，其影响所及，翕然有当于人心，鲁迅见而喜，斯亦足矣。宇宙之大，沧海之宽，起伏之机甚微，影响所及，何可较量，复何必较量？鲁迅来，忽然而言，既毕其所言而去，斯亦足矣。鲁迅常谓文人写作，固不在藏诸名山，此语甚当。处今日之世，说今日之言，目所见，耳所闻，心所思，情所动，纵笔书之而罄其胸中，是以使鲁迅复生于后世，目所见后世之人，耳所闻后世之事，亦必不为今日之言。鲁迅既生于今世，既说今世之言，所言有为而发，斯足矣。后世之人好其言，听之；不好其言，亦听之。或今人所好之言在此，后人所好在彼，鲁迅不能知，吾亦不能知。后世或好其言而实厚诬鲁迅，或不好其言而实深为所动，继鲁迅而来，激成大波，是文海之波涛起伏，其机甚微，非鲁迅所能知，亦非吾所能知。但波使涛之前仆后继，循环起伏，不归沉寂，便是生命，便是长生，复奚较此波长波短耶？"

林语堂初到北京大学时，当时北大的教授已经形成两派，一派是以周氏兄弟为首，另一派以胡适为代表。应该说，林语堂与周氏兄弟在最初是非常好的盟友，相知甚深。尽管林语堂与胡适有极为相近的思想和个人情谊，但他站在了鲁迅的旗下。1924 年 11 月，《语丝》创刊，鲁迅和周作人做了语丝派的首领。长期撰稿人除鲁迅外，尚有周作人、林语堂、俞平伯、冯文炳、川岛等，钱玄同、胡适、顾颉刚、徐志摩、孙伏园等也在该刊上发表过不少文字。这些文学界大家巨擘支撑着《语丝》，尽管他们的思想倾向、学术风格并不一致，但他们的文章“任意而谈，无所顾忌，要催促新的产生，对于有害于新的旧物，则竭力加以排击”。

不久，1924 年 12 月 13 日，以胡适为领袖的《现代评论》周刊也创刊了。这是一部分曾经留学欧美的大学教授创办的同人刊物，署“现代评论社”编，实际由陈源、徐志摩等编辑，现代评论社出版发行，主要撰稿人有王世杰、高一涵、胡适、陈源、徐志摩、唐有壬等，出至 1928 年 12 月 29 日终刊，一共出版了 209 期，另外有 3 期增刊。前 138 期由北京大学出版部印刷，此后各期由上海印刷，16 开本。《现代评论》主要刊登政论、时评，同时也发表文学作品和文艺评论，该刊有“时事短评”专栏以及刊登其他一些文章，广泛述评国际局势和中国现实的政治、军事、经济状况。在文学方面，它刊登的理论文章主要介绍西方的文艺观点，反对“革命文学”的倡导。该刊发表的文学作品占有很大比重，有郁达夫、凌叔华、废名、老向、沈从文、蹇先艾、汪敬熙、张资平、杨振声、胡也频、刘大杰等的短篇小说，另外还有闻一多、徐志摩、胡适、朱大丹、王独清、刘梦苇、饶孟侃等人的新诗，还有少量的剧本，其中“新月派”作家的早期作品占突出的地位。

林语堂在当时是极为活跃的，不但大量撰稿，放谈政治，而且亲身参加了“首都革命”的政治斗争。1925年11月28日和29日，他走上街头，拿竹竿和砖石，与学生一起，直接和军警搏斗，把他投掷垒球的技术也都用上了。这一次搏斗，给林语堂的眉头留下一个伤疤。然而他每讲起这件事时，总是眉飞色舞，感到自豪。后来，他干脆做起《祝土匪》的文章，以“生于草莽，死于草莽”的“土匪”自居。他说：“言论界，依中国今日此刻此地情形，非有些土匪傻子来说话不可。”学者只要脸面，“而去真理一万八千里之遥。说不定将来学者反得让我们土匪做”。1925年12月5日和6日，这在鲁迅和林语堂的交往中，是值得记忆的日子。这两天，鲁迅两次主动地给林语堂写了两封信。因为鲁迅参加了语丝社，又领导着莽原社，他向林语堂写信约稿。接着，是林语堂的复信和交稿。这就是两人“相得”的开始。

不过，后来林语堂与鲁迅都避居上海以写作为生时，矛盾爆发了。同以文字生活，鲁迅直面惨淡的人生，把文学当作“匕首”和“投枪”，刺向敌人。林语堂则是借助幽默，表现性灵闲适，曲折地表示自己的不满，他认为：“愈是空泛的，笼统的社会讽刺及人生讽刺，其情调自然愈深远，而愈近于幽默本色。”然而鲁迅不这么看，鲁迅认为在反动派的屠刀下，没有幽默可言。在血与火的斗争中，鲁迅自己无畏地宣称：“只要我活着，就要拿起笔，去回敬他们的手枪。”这是一次深刻的思想分化。现在看来，这是人生的两种选择，说不上谁对谁错。任何人都有选择的自由，可以投枪，可以匕首，但同样可以幽默，可以性灵。鲁迅曾说：中国并无幽默，要有，也只有“将屠夫的凶残，使大家化为一笑，收场大吉”一类的东西。然而我倒觉得，越是在血与火的人生中，越是需要幽默与宽容。人生离不开幽默，幽默是死水般的生活里的一抹亮色。

1929 年 8 月 28 日，“南云楼风波”使得鲁迅与林语堂因误会而疏远了。鲁迅在他日记里说：“二十八日……晚霁。小峰来，并送来纸版，由达夫、矛尘作证，计算收回费用五百四十八元五角。同赴南云楼晚餐。席上又有杨骚、语堂及夫人、衣萍、曙天，席将终，林语堂语含讥刺。直斥之，彼亦争持，鄙相悉现。”另一个当事人林语堂，40 年后作《忆鲁迅》一文说：“有一回，我几乎跟他闹翻了。事情是小之又小。是鲁迅神经过敏所至。那时有一位青年作家……他是大不满于北新书店的老板李小峰，说他对作者欠账不还等等。他自己要好好地做。我也说了附和的话，不想鲁迅疑心我在说他。……他是多心，我是无猜。两人对视像一对雄鸡一样，对了足足两分钟。幸亏郁达夫作和事佬。几位在座女人都觉得‘无趣’。这样一场小风波，也就安然流过了。”对于这一“风波”的起因，鲁迅和林语堂有不同的解释。“和事佬”郁达夫在《回忆鲁迅》中明确指出，这是“因误解而起正面的冲突”。当时，鲁迅有了酒意，“脸色发青，从座位上站了起来”，“一半也疑心语堂在责备这第三者的话，是对鲁迅的讥刺”。林语堂也起身申辩，空气十分紧张，郁达夫一面按鲁迅坐下，一面拉林语堂夫妇走下楼去。郁达夫的结论说：“这事当然是两方面的误解，后来鲁迅原也明白了，他和语堂之间是有过一次和解的。”

然而有了误会，林语堂与鲁迅的关系就不可能像从前那样融洽了，可要知道，鲁迅是主张“一个也不宽恕”的。另外，随着林语堂“幽默大师”的名声越来越响，这让鲁迅更加反感，觉得林语堂是不可救药了，“以我的微力，是拉他不来的”，对他不再抱任何希望了，于是乎加紧了对林语堂的批判，先后写了《骂杀和捧杀》《读书忌》《病后杂谈》《论俗人应避雅人》《隐士》等。其中，1935 年 4 月 20 日刊于《太白》上的《天生蛮性》，全文只有三句话：辜鸿铭先生赞小脚；郑孝胥先生讲王道；林语堂先生谈性灵。把林语堂与前清遗老和伪满大臣相提并论，足见鲁迅对其厌恶之深。然而林语堂对自己的文艺观点也确信不疑，声称“欲据牛角尖负隅以终身”（林语堂：《行素集·序》），同时写了《作文与作人》《我不敢再游杭》《今文八弊》等文章来回敬反对者。后世论者一般都站在鲁迅这一边，对林语堂大加挞伐。这时讲究的是二分法，好坏分明。鲁迅先生自然是好人一方了。于是乎，被好人鲁迅骂过的人必定不是什么好人，而与鲁迅这样伟大的好人论战，对方自然也就是坏人了。然而世间的事又不是那样清楚明白的，鲁迅的笔战中常常有一些因误会、意气用事和个人恩怨引发的争论，这些争论认真说起来，其责任鲁迅倒是要承担一些的。比如，广东的学者胡文辉先生就写过一篇考证文章——《鸟头与红鼻——读<故

事新编>偶记》，其文指出了鲁迅研究中的一个“视而不见，为尊者讳”的小小问题：在鲁迅与顾颉刚的论战中，鲁迅做过多次在书信和小说中挖苦顾颉刚的生理缺陷这些失德之事。这固然无损鲁迅的伟大，却也证明了人性的某种弱点，再伟大的人物也不例外。

林语堂对鲁迅还是怀有敬意的，《鲁迅之死》也证实了这一点。“吾始终敬鲁迅；鲁迅顾我，我喜其相知，鲁迅弃我，我亦无悔。大凡以所见相左相同，而为离合之迹，绝无私人意气存焉。”不过，在所有怀念鲁迅的文章中，《鲁迅之死》这篇确有其特色，它并非仅仅是吹捧与高唱赞歌的，其中也还有些隐隐约约的批评。这可能不符合中国人传统的恕道精神，但正与鲁迅的“一个也不宽恕”的主张相仿。“故鲁迅所杀，猛士劲敌有之，僧丐无赖，鸡狗牛蛇亦有之。鲁迅终不以天下英雄死尽，宝剑无用武之地而悲。路见疯犬、癞犬及守家犬，挥剑一砍，提狗头归，而饮绍兴，名为下酒。此又鲁迅之一副活形也。然鲁迅亦有一副大心肠。狗头煮熟，饮酒烂醉，鲁迅乃独坐灯下而兴叹。此一叹也，无以名之。无名火发，无名叹兴，乃叹天地，叹圣贤，叹豪杰，叹司阍，叹佣妇，叹书贾，叹果商，叹黠者、狡者、愚者、拙者、直谅者、乡愚者，叹生人、熟人、雅人、俗人、尴尬人、盘缠人、累赘人、无生趣人、死不开交人，叹穷鬼、饿鬼、色鬼、谗鬼、牵钻鬼、串熟鬼、邋遢鬼、白蒙鬼、摸索鬼、豆腐羹饭鬼、青胖大头鬼。于是鲁迅复饮，俄而额筋浮胀，睚眦欲裂，须发尽竖；灵感至，筋更浮，眦更裂，须更竖，乃磨砚濡毫，呵的一声狂笑，复持宝剑，以刺世人。火发不已，叹兴不已，于是鲁迅肠伤，胃伤，肝伤，肺伤，血管伤，而鲁迅不起，呜呼，鲁迅以是不起。”如此笔墨，确实活画出鲁迅先生之本来面目也。

辜鸿铭离开北大之谜

张耀杰

人大教授黄兴涛去年有篇文章——《罗家伦“上书”，辜鸿铭“下课”一份新见北大档案的介绍与解读》，其中公布了北京大学档案馆的一份案卷号为BD1919031的学生来信，抬头为“教务长英文主任先生”，信中写道：“先生就职以来，对于功课极力整顿，学生是狠（很）佩服的。今学生对于英文门英诗一项功课，有点意见，请先生采纳。学生是英文门二年级的学生，上辜鸿铭先生的课已经一年了。今将一年内辜先生教授的成绩，为先生述之……”

学生要辜鸿铭“下课”

罗家伦列举了辜鸿铭的四项“成绩”：

（一）每次上课，教不到十分钟的书，甚至于一分钟不教，次次总是鼓吹“君师主义”。每次上课都有这番话，为人人所听得的。其余鄙俚骂人的话，更不消说了。请问这是本校所要教学生的吗？这是英诗吗？

（二）上课一年，所教的诗只有六首另十几行，课本钞本俱在，可以覆案。因为时间被他骂人骂掉了。这是本校节省学生光阴的办法吗？

辜鸿铭（1857~1928），原名汤生，字鸿铭，号立诚，福建同安人，出生于南洋马来半岛槟榔屿，是清末民初精通中西方文化的学者。

（三）西洋诗在近代大放异彩，我们学英国文学的人，自然想知道一点。我们有时问他，他总大骂新诗，以为胡闹。这是本校想我们有健全英文知识的初心吗？

（四）他上课教的时候，只是按字解释，对英诗的精神，一点不说，而且说不出来。他总是说：这是“外国大雅”、这是“外国小雅”、这是“外国国风”、这是“外国离骚”、这是“官衣而兼朝衣”一类的话。请问这是教英诗的正道吗？

罗家伦（1897~1969）：学者，教育家，

1928 年 8 月~1930 年 5 月出任国立清华大学校长。

作为学生代表，罗家伦用真实姓名向校方提出教学方面的书面建议，原本是正大光明的事情。当年的《北京大学日刊》就经常刊登此类师生建议。然而到了黄兴涛眼里，在“至于陈大齐和胡适具体商量的处理意见如何，限于资料，暂无法得知”的情况之下，却变成了罗家伦、胡适刻意隐瞒的暗箱阴谋：“同胡适一样，晚年的罗家伦也丝毫没有提到他早年曾‘上书’北大校方、向辜鸿铭暗施‘狠手’之事。要不是档案还在，我们今天恐怕也永远无缘了解此事的真相了。”

过度诠释的“辜胡之争”

按照黄兴涛的解释，罗家伦写作此信的动机，首先是激于新文化运动的所谓“大义”；其次还有他与辜鸿铭之间的个人恩怨：“著名报人张友鸾先生就曾生动地记述辜鸿铭和罗家伦之间互相‘讨厌’的故事。据他说，辜鸿铭这位‘名教授’因反感罗家伦这位‘名学生’好出风头，不好好学英文，故上课时‘十回有八回叫着罗家伦的名字，要他回答’。而罗家伦呢，对于这英诗课既无兴趣，英文底子又很差。”

在黄兴涛看来，除了“激于‘大义’与‘私愤’的双重冲动”之外，罗家伦“上书”校方的另外一个因素，是两名教授之间的同行“竞争”：“在北大英文门内，胡适与辜鸿铭不仅是思想上的对头，也是教学上的竞争对手。他们都教英语文学，特别是英诗……从北大英文系的有关课程档案来看，1919 年下半年至 1920 年上半年，辜鸿铭二、三年级的英诗课仍得以保留。不过同时我们也看到，胡适的‘近代英美诗选’课此时却被正式列入本学年两个年级的选修课程当中，这无疑满足了罗家伦信中的部分要求。而 1920 年下半年至 1921 年上半年，辜鸿铭的英诗课便不复存在。所有英国文学的‘诗歌’部分，都改由胡适来上。……目前，辜鸿铭究竟何时最终离开北京大学英文系，由于没有找到相关资料，还难以确证，但可以肯定的是，自 1920 年下半年之后，北大英文系的课程表上，就已经不再有辜鸿铭的名字了。”

罗家伦 1918 年与胡适联名发表了轰动一时的易卜生戏剧《娜拉》，1919 年 5 月杜威来华讲学时又是胡适指定的笔录人之一，这充分证明了他在北大学生中的成绩优异。张友鸾所说的罗家伦“对于这英诗课既无兴趣，英文底子又很差”，显然是歪曲事实。假如辜鸿铭离开北大确实是罗家伦及胡适“暗施狠手”的结果，在事发后不久的 1921 年 10 月 13 日的日记中，胡适更应该提到的是他所参与的“暗施‘狠手’”，而不是在私密性质的日记里面替辜鸿铭说公道话：“他虽然顽固，可不远胜徐世昌吗？”假如“不仅是思想上的对头，也是教学上的竞争对手”的胡适与辜鸿铭之间，只有“暗施‘狠手’”之类势不两立的敌对关系，胡适更不需要在 1928 年 5 月 1 日的私密日记中，称赞刚刚去世的辜鸿铭是“对我虽表示反对，然相见时却总是很客气”的“君子”。

罗家伦的持平之论

1919年3月，蔡元培在《致〈公言报〉函并附答林琴南君函》中，强调北京大学的办学方针是“循思想自由原则，取兼容并包主义”，与此同时，他还专门为辜鸿铭一类人划定了一个政教分离的职业底线：“例如复辟主义，民国所排斥也，本校教员中，有拖长辫持复辟论者，以其所授为英国文学，与政治无涉，则听之。”

罗家伦所描绘的辜鸿铭的课堂教学，恰恰突破了这样的职业底线。这样的大学教授无论拥有多么高深的学问，都是不合格和不称职的。

王森然在《辜鸿铭先生评传》中，为辜鸿铭离开北大提供了更具说服力的解释：辜氏既放浪形骸，又十分守旧，一个典型的例子是对待学生男女同校上课的事。有一年，他主讲北大英文课时，忽见座位中有女生，有人告知是新招女生。下课后，他找到蔡元培，说：“教室中忽发现女性，男女授受不亲，请辞去教职。”

值得一提的是，曾经对辜鸿铭的授课质量给出过否定意见和尖锐批评的罗家伦，在后来的《回忆辜鸿铭先生》一文中，对于自己当年的过激态度也进行了一定程度的纠偏和修正，用黄兴涛的话说：“他赞辜鸿铭是一个‘无疑义的’、‘有天才的文学家’，认为其‘英文写作的特长，就是作深刻的讽刺’，有时‘用字和造句的深刻和巧妙，真是可以令人拍案叫绝’。他还强调‘善于运用中国的观点来批评西洋的社会和文化，能够搔着人家的痒处，这是辜先生能够得到西洋文艺界赞美佩服的一个理由’等。可见，历经几十年的文化人生和学术磨砺，他对辜鸿铭的认识评价已经相当平静、理性和客观了。”

鲁迅哪里“多妻”了？

邓遂夫

近来，所谓“从课本中撤除鲁迅”的传闻引发了质疑，也引来不少叫好之声。“尊鲁”与“反鲁”的争议，再次呈现在国人面前。

日前葛红兵贴出一篇博文——《鲁迅：老石头，还是?》，宣称他自己是“尊鲁的”，“不是反鲁的”，仅仅是反对“把鲁迅作为文化神来尊”。因而，他不但赞成“当下各种教材开始撤换鲁迅作品”，说“这是一个文化神去魅的过程”；而且还提议在鲁迅的“个人生活”中去寻找“疑点”，以便让这个“神”慢慢老去。葛红兵还不无庆幸地慨叹说：“神也有老去的时候，孔子之老用了千年，鲁迅之老用百年……”

作者在文章中带头贡献了一条鲁迅“个人生活”的“疑点”——“他一生事实上是多妻的，你不能睁眼说瞎话，说他没有。”网易博客首页便把这题目推荐成《葛红兵：鲁迅一生多妻》，访问量直线上升。

这就很让人纳闷了。“多妻”与“再婚”，本是风马牛不相及的两个概念，作者为什么一定要用“模糊法”把它混淆起来，故意抹黑鲁迅呢？

事实上，26 岁的鲁迅，在东渡日本求学期间，忽然连续接到催促他归国的家信，说是母亲病了。一向孝顺的鲁迅赶紧回到故乡，才知母亲并没有生病，只是在媒人的撮合下为他订了一门亲事，骗他回来举行婚礼。女方叫朱安，老实本分，思想守旧，身材矮小，发育不全。对于这场婚礼，陈漱渝的《鲁迅评传》(中国社会出版社 2006 年版)作了如下描述：

族人知道鲁迅是新派人物，估计要发生一场争斗，……便排成阵势，互相策应，七嘴八舌地劝诫他。鲁迅心中自有主张，便不动声色地简单答道：‘都可以的。’完婚的第二天，鲁迅没有按老例去拜祠堂；晚上，他独自睡进了书房。第三天，他从家中出走，重新回到日本去了。

直到若干年后，鲁迅与许广平自由恋爱而结合，他此前跟朱安都只是维持着形式上的夫妻关系。正如陈漱渝在书中所形容的，鲁迅此前过的是“古寺僧人般的独身生活”。这对鲁迅来说无疑是残酷的，对朱安又何尝不是如此。但这怪不了鲁迅，作为家中的孝子，鲁迅当时的反抗只能到这一步。所以，鲁迅多次对友人提起自己的发妻朱安，都感叹说：“她是我母亲的太太，不是我的太太……是母亲给我的一件礼物，我只负有赡养的义务，爱情是我所不知道的。”

还有更重要的一点：他再婚的爱妻许广平，虽然与他志同道合，毕竟是大家闺秀出身，所以在正式结合之前，鲁迅是事先征得了母亲和前妻同意而解除了婚姻的。只不过，他并没有强迫朱安重回娘家，而是答应了她要继续和母亲生活在一起以便照顾她的合理要求。鲁迅自己，除了在经济上继续赡养母亲和前妻之外，一直是和许广平另筑爱巢，独立生活与工作的。

你看，无论是用现在的观念或当初的道德来衡量，这种离异再婚都是合情合理的，而且鲁迅自始至终处理此事都比较人性化。怎么到了葛红兵的笔下，这就成了必须对鲁迅的“个人生活”乃至道德人品提出“质疑”的问题呢？究竟是葛先生另有异样发现，还是他比过去的“老封建”还要古板，还要守旧？

也许鲁迅确实在某个时期被人当成过“神”，但那不是久居泉下的鲁迅自己所能控制的。而现在，还有谁把鲁迅当成“神”呢？反正我是没有感觉到。所谓要把鲁迅“请下神坛”甚至逐出“教科书”的呼声，我看与鲁迅本人在文学与思想史上的固有成就一点都对不上号。这就如同过去不论有没有出现过把屈原、杜甫、李白、苏东坡当成神的情况，都肯定影响不了这些文学巨匠的固有成就与精神品格，二者是一样的道理。以他们作品本身的分量，必将永远辉耀后世，为世世代代的人民所珍爱、所景仰。总不至于为了某种缘由，就把这些第一流作家的作品都统统“请下神坛”、逐出“教科书”，只让当今的孩子去读当代人的作品，或者古代二三流作家的作品吧！

我这样议论，不知是自己在理解的逻辑上出了问题，还是提出这种动议的某些人士本身在逻辑上有毛病。

此外，葛红兵的文章称鲁迅为“老石头”（而且字里行间都在倡导应该“搬掉这块石头”），这未免太不礼貌，太不尊重人了。不管你认为鲁迅的文学成就是大还是小，哪怕是一个普通人吧，只要他不是祸国殃民的历史罪人，有什么权力可以平白无故地去污辱他、鄙薄他？

何况鲁迅不论以其作品还是以其人品，都值得后人永远尊敬，永远爱戴。他当然有缺点，但优点和成就肯定是主要的。我们爱的正是鲁迅无人能及的优点和成就。选教材也只是选他的优秀之作。别说鲁迅只是再婚（而且一生就再婚了这一次），就算真的是“重婚”了，又怎么样呢？难道就因为有了这一假设的“缺点”，便有理由非得把一位杰出作家的作品从现在和将来的文学视野中“搬掉”，让他彻底“老去”吗？

最后，请允许我摘引我在葛红兵博文后面写的两段评语，来结束这篇短文：

从古至今，始终有一些写手的成品，是值得辈辈代代的人阅读的。鲁迅的大多数成品，都应该归入这一行列。抽时间仔细读读就明白了。

鲁迅是国人中少见的硬骨头、纯爷们儿。不管面对何方神圣，他都绝对是一个男人。当今之世，像鲁迅那样硬气而又睿智的人，不是太多，而是太少太少太少！所以，继续让孩子们从小读他的作品，很有必要。

2010 年 9 月 16 日于北京

胡兰成：人如乱世

庄秋水

“此间今日获悉，前中国文化大学教授胡兰成，于 7 月 25 日在日本病逝，享年 75 岁。据日本共同社称，胡兰成因心脏衰竭，于 25 日在东京都青梅市寓所病逝。从他辞去台湾教职后，1976 年回到日本。胡兰成曾在汪精卫政权中任职，中共占领大陆后，他于 1950 年来日本寻求政治庇护。”

1981 年 7 月 28 日，美国合众社发了一条东京电讯，报道了一个叫胡兰成的文人的死讯。

一个月后，胡兰成的葬礼在福生市清岩院举行。前来吊丧的人都收到了一份赠礼，上有胡兰成手书“江山如梦”四个字。胡兰成的最后一任太太佘爱珍写了一段深情的说明：“内附的‘江山如梦’是亡夫多年来萦绕于怀的感慨，在晚春的一个夜晚忽然吟出的。所谓江山，是指故国的山河、扬子江和泰山。不，就我看来，是指故国本身。所

谓梦，就是空，是色，是善，是美，是真，是遥，是永久的理想。敬请收下，以追忆胡人。”

如果不了解胡兰成的背景，很可能被这一段深情款款的言辞所感动，这分明是身在异域心怀故国的一位爱国者最后的怅惘，系怀父母之邦，念兹在兹。

然而40多年前他为自己挣得的一顶“汉奸”的帽子，却非轻易可以抛掷一旁。人们记得才子胡兰成，津津乐道于他和女作家张爱玲的一段倾城之恋，同样也不会忘怀他曾经进入汪精卫集团，官拜汪伪政权宣传部政务次长、伪行政院法制局局长、伪国民党中央执行委员、汪伪集团机关报《南华日报》总主笔等。

投身汪伪

胡兰成介入汪精卫集团，亦是因文而起的“恶缘”。

1937 年，31 岁的胡兰成在广西小试牛刀，在《柳州日报》发表社论文章，说“发动对日抗战，必须与民间起兵开创新潮的气运结合，不可被利用为地方军人对中央相争相妥协的手段”，由此惹怒了地方诸侯，被关了 33 天。出狱后，他回到故乡浙江嵊县下北乡胡村探望久别的家人。这个无学历无背景的年轻人面临这个年龄的普遍窘境：身无长物，却要赡养父母、抚育儿女，他需要一个有“钱途”的事业。

胡兰成在《今生今世·天下兵起》中记述了自己的这段经历：

“却说我从广西回来时路过上海，见了古泳今，他今在中华日报，要我撰稿试试，到胡村后我就写了一篇论中国手工业，又一篇分析该年的关税数字，寄去发表了，都当即被日本大陆新报译载，且被转载于经济学论文拔萃月刊。中华日报以为有了面子，就请我当主笔。本来是当总主笔，因我谢绝林柏生，说不想加入汪派，故总主笔让给了古泳今。”

他的这段自我表白颇有不合情理之处。《中华日报》竟然因为一个无名文人的两篇经济文章就要聘他做总主笔？胡兰成的一生，真真假假，不仅对女人，就是他的经历，也颇多涂抹之处。抗日战争胜利后他亡命温州之时，化名张嘉仪，便告诉别人说自己肄业于北京大学，在《今生今世》中他更正说自己当初亦只是在北京燕京大学副校长室担任文书抄写一年。

他就像是乡下的一个聪明孩子，读了些书，出来闯天下，一如江弱水所言，"得之于民间的，是江湖气；得之于史上的，是名士气；两者合而成为胡氏特有的策士气"。他投身汪伪，是很自觉的选择，他出道便是在汪精卫派系里，在他看来，蒋与汪只不过"一个是正册，一个是副册"，各自占了胜利的一半可能，故而相信胜败也无非"桃花开了荷花开，我们去了新人来，亦不是我们有何做得不对"。这个出身乡下农家的人总有一种出人头地、光宗耀祖的强烈愿望，且精于算计，他算定如果在国民政府里，他的脱出还需要漫长的等待，而跟随汪精卫开创新朝，大展身手，俨然也可充一位"开国"元老。

对于日本，他则全无恶感，甚或目为亲戚。"我对日本，总是共患难之情"，又说，"我在日本，好像是在亲戚家做客"，甚至见到南京机场沿途的日本兵，也觉得"着实有一种大气"，就连恶名远扬的极司斐尔路七十六号，他也觉得有梁山泊的"阳气"。他的这些糊涂话，偏要用"民国世界"、"一统河山"一类的大言装点。

上海沦陷后，胡兰成调任香港《南华日报》当总主笔，用笔名流沙撰写社论，同时还在汪派控制的蔚蓝书店兼事，研究战时国际情势，与林柏生、梅思平、樊仲云等分担按月写一篇报告。真正令胡兰成声名鹊起的，是他为《南华日报》所写的一系列社论，为汪精卫集团进行舆论造势和新闻宣传，由此得到了汪精卫太太陈璧君的赏识，进入了汪伪集团的核心。

1938 年 12 月 22 日，日本首相近卫文麿发表对华声明，声称要“和中国同感忧虑、具有卓识的人士合作，为建设东亚新秩序而迈进”。这无异于是一份招降书，在这份声明中，近卫提出了“善邻友好、共同防共和经济合作”三原则。

已出逃到河内的汪精卫在旅馆摔了一跤，扭伤了一条腿，在卧榻上读到近卫的声明，尽管与之前的重光堂密约（1938 年 11 月 12 日汪日所签汪精卫参加“和平”运动的条件）相差甚大，但此时他已是过河卒子，便起草了一个声明，主张和日本讲和，在 12 月 31 日的《南华日报》上发表，这便是臭名昭著的“艳电”。

蒋介石对汪精卫的出逃反应激烈，他在日记中写道：“当此国难空前未有之危局，不恤一切，拂袖私行，置党国于不顾，是岂吾革命党员之行动？痛惜之至！惟望其能自觉回头耳！”

“艳电”公开后，国民党中央宣布开除汪精卫党籍，仅仅在 5 天后，胡兰成便在《南华日报》上撰写了社评——《我们的郑重声明》，抗议国民党中常会议开除汪精卫党籍的决议。他还列举了5条理由，证明汪精卫护党爱国，认为汪、蒋都是要“和”，“所分歧者，仅在形势之估计及条件之解释”，所以不是原则上的问题，不过是技术问题。

这篇文章后来被收入《战难，和亦不易》这本社论评论集。这本集子一共收文104篇，写作时间从1939年1月4日的《我们的郑重声明》开始，到12月12日的《建军的使命》止，胡兰成摇唇鼓舌，一年之中，平均约3天就有一篇政论文章问世，其写作的热情令人咋舌。他为汪精卫辩解骂敌，分析时局，预测战争形势走向，激越昂扬。汪精卫对这员干将也不吝赞美，还亲自为这本社论集作序。“胡兰成同志所谓‘战难和亦不易’真有概乎其言之了，胡兰成同志于艳电以后发表了许多重要论文，对于国内情形国际形势都有极深切的认识，极明确的判断，其最言人所未尝言的，是‘如何争取主动的和’，这实在是一针见血的话。……胡兰成同志大声疾呼‘争取主动的和’实在是对症下药，稍微留心和战大计的人，没有不点头叹息的……”一个毫无政治经验的书生，进入汪伪集团也才短短两年，便获得党魁如许高评，胡兰成不免沾沾自喜。

汪精卫从河内抵达上海，召见了这位鼓吹“和平运动”的旗手。事后追述，胡兰成一贯的用词虚实夹杂：“当下我唯敬听。与中华民国历史上这样有名的人初次见面，竟难说明什么感想，只觉山河大地尽皆端然。”汪精卫和胡兰成拉起了家常话，嘘寒问暖，承诺安置胡兰成一家老小。接下来，汪精卫切入正题，说道："我想付托兰成先生以宣传大事，中国的领土和主权独立完整之事，唯先生以笔护之。"

张爱玲曾说胡兰成"对人易生感激，却难得满足"，汪精卫的知遇之恩一时让胡兰成感激万分。他成了汪精卫的"文胆"，每月有不菲的收入，还有巨额机密费。但汪伪政府成立时，重心已经从宣传工作转移到政府组建上，摇笔杆子的胡兰成无缘各个热门职位，做了汪伪政府的宣传部政务次长，兼任《中华日报》总主笔。

鼓舌摇唇

同为汪政权媒体人的金雄白，1959 年回忆往事，写下了《汪政权的开场与收场》。他感慨："即以本刊所写汪政权一代而论，其中人物，除了极少数有些学识，有些抱负，尚不失为有志想创造时势者而外，其他都不过是依违其间，夤缘谋食，尽管有些人侥幸得志，而好梦易醒，竟是黄粱未熟！我一生所目击的芸芸众生之中，都逃不出'眼看他起高楼，眼看他楼塌了'的命运。"

"依违其间"，"夤缘谋食"，"侥幸得志"，可谓道尽胡兰成在汪政权的头几年风光。然而很快，他将要再次遭遇囹圄之灾。"霸图兴亡事，我所参加的一份却只像是春天斗百草"，他是一个地道的旧式文人，感性，却没有坚固的思想，自以为是，举重若轻，实则于复杂的政治斗争缺少默契。他爱做官的那种感觉，“我不抢官做，但我喜爱官人的贵气”，却并无做官的智慧。在汪集团内部，他属于汪精卫的公馆派，和周佛海派不和，但在公馆派内部，他亦不属于重量级人物，兼之文人张扬个性，也只敬服汪精卫一人而已。

1941年，汪精卫政权宣传部驻上海特派员穆时英被重庆派来的特工人员暗杀，胡兰成辞去了《中华日报》总主笔的职务，接手穆时英担任社长的《国民新闻》。从汪精卫的“代言人”，转而为边缘人，似乎更加远离了汪政权的权力核心，实则他始终保持着对汪精卫的敬意。

胡兰成办此报的目的，是“借这个报来重申和平运动当初的主张，拒绝承认现状，不肯称和平区而仍称沦陷区，且指出沦陷区与抗战区是一个中华民国”。他因此向汪精卫提出，当初说“和即是全面和”，所以日军应该从江苏撤退，而由南京政府来维持秩序。

汪精卫马上向日本陆军省板垣征四郎提出。日本人的政策正转向“以华治华，以战养战”，于是同意了汪精卫的主张，还提出仅仅警察和特工不行，还要军队接防军队。于是，这一年成立了“清乡委员会”，汪精卫兼任委员长，李士群任主任，但他能以汪精卫的名义指挥南京政府在江苏的一切军队和行政、经济机关。胡兰成本来有希望担任秘书长，但清乡的建议最终是由警政部部长李士群联合最高军事顾问部顾问——日本人晴气庆胤提出的，胡兰成最终仍然待在了《国民新闻》。

汪政府尽管刚刚成立两年，内部就已经陷入钩心斗角之中。不久，胡兰成就因为发表在《国民新闻》上的社论，开罪了汪政权里的实力派周佛海，因此被免去了宣传部政务次长一职。周佛海还派人毒死了《国民新闻》的实际掌控人李士群。

失去了李士群作为后盾，胡兰成在汪政府成为一个四处飘零的棋子。他先担任了行政院法制局长，充当汪精卫的“挡箭牌”。一年之后，众议沸腾之下，汪精卫取消了法制局，调胡兰成为全国经济委员会特派委员，接近于免职。

也就是在几近赋闲的状态下，胡兰成和继任宣传部政务次长的郭秀峰去参加每周六日本大使馆的恳谈会，从此开始了和日本人的“亲密接触”。

他结识了日本驻南京大使馆负责文化事务的书记官池田笃纪，也由此为自己招来一次牢狱之灾。与池田相识之后，他写的一篇一万多字的政论文章，“无意中”被池田看到。池田翻译成日文，给当时的日本大使过目，最后又传到了汪精卫那里。“那是我有感于太平天国败亡时忠王李秀成的供状，我将来逃走，也要留这么一篇文字在世上，文中历叙和平运动事与愿违，结论日本帝国主义必败，而南京政府亦覆没，要挽救除非日本昭和维新，断然从中国撤兵，而中国则召开国民会议，如孙先生当年。”胡兰成后来这样解释自己写这篇文章的初衷和想表达的意图。

因文招祸，胡兰成被关在了上海路十二号——“政治工作局”（汪政府的另外一个特工组织）的看守所。逮捕令是由汪精卫亲自下达的。胡兰成被关押了 48 天，最终被池田等日本人救出。《印刻文学》2005 年 5 月号刊发了李黎等访问胡兰成侄女胡青芸的文章——《今生春雨，今世青芸》，提及 1943 年胡兰成被逮捕，几遭杀身之祸，是侄女青芸从上海至南京，奔走营救，找到池田出面，胡兰成才免遭杀身之祸。

乱世才子

胡兰成在《今生今世》里说，他身陷囹圄之际，同为苏青主办的《天地》月刊作者的张爱玲，动了怜才之念，还陪苏青去周佛海家请代向汪精卫求情。接下来便是众所周知的张胡“初见”——胡兰成一腔热情去拜访才女，吃了闭门羹，留了名片，然后是张回访胡。

1944 年的胡兰成降服了沪上的知名女作家张爱玲，女作家的才思也刺激了他。2 月，胡兰成在《新东方》杂志上发表了《〈中国之命运〉的批判》。3 月，胡兰成在《新东方》杂志上发表了《皂隶・清客与来者》《中共的存在及其性格》。5 月，胡兰成在《天地》月刊第 7~8 期合刊上发表了《瓜子壳》。5 月和 6 月，胡兰成在《杂志》月刊第 13 卷第 2 期、第 3 期上发表了《评张爱玲》……

同时和第二任、第三任妻子登报解除婚姻关系之后，胡兰成和张爱玲结婚了。“……战后，他逃亡到边远小城的时候，她会千山万水地找了去，在昏黄的油灯影里重逢。”张爱玲的遗作《小团圆》里，女主人公九莉将这一段感情看得关乎性命般重要，那应该也是彼时张爱玲的心境写照。

此时，日本在太平洋战争中节节挫败，颓势已显。而汪政权的首脑汪精卫也在日本帝国大学附属医院不治身死。陈公博就任“代理主席”，事实上汪政权已经日暮途穷。闲置已久的胡兰成却有了“不受束缚，大干一场”的机会。这一年11月，由池田陪同，胡兰成带着沈启无、关永吉西飞武汉，去接收《大楚报》。

办报是他的老本行，这次挟日本人之势，很快就打开了局面。他先以言论吸引读者，然后整顿内务，并从日本人、朝鲜人手中收回了报纸的发行权。报社很快做到了自给自足。日本人对他亦多有照应。日本在华军队的三品报道部长，以及武汉当地的福本宪兵队长、远藤联络课长和汉口中野总领事等，都和他交往密切。有了这样的背景，一切都好办，即便偶有所谓“反日”言论，亦可标榜报纸的独立性，符合日本的更高利益。

1944年年末，盟军对武汉的空袭愈来愈密，日军日渐衰微。“空袭使我直见性命，晓得了什么是苦，什么是喜，什么是本色，什么是繁华，又什么是骨力。”胡兰成在《今生今世》里如是说。他把才结婚的张爱玲抛在一边，又和17岁的护士周训德谈起战时恋爱。

1945 年，日本败局已定，投降在即，时任大楚报社社长的胡兰成出版了《中国人的声音》一书。书中收有 31 篇政论文章，写于 1945 年 1 月中旬至 3 月初。胡兰成以一身而指陈“中国人”，为日本人张目：“日本战胜比美国战胜好。日本倘使战胜……它将不能不让步给殖民地半殖民（地）国家的解放运动。”这篇《日美战胜对于中国》写于 1945 年 2 月 21 日，离日本宣布投降不到半年。胡兰成仍可以如此这般自欺欺人。此时，就连周佛海在 2 月 9 日的日记中也承认：“时局无法转圜，颇致感慨。”

8 月 15 日，日本投降，胡兰成怂恿第二十九军军长邹平凡宣布武汉独立，从日军那里要了一万多人的武器装备，踌躇满志，想和蒋介石讨价还价。不料一场突如其来的疾病令他的计划胎死腹中。9 月初，他逃离武汉，在给重庆派来的接收大员袁雍的信中，他依然自诩国士：“国步方艰，天命不易，我且暂避，要看看国府是否果如蒋主席所广播的不嗜杀人，而我是否回来，亦即在今后三五个月可见分晓。士固有不可得而臣，不可得而辱，不可得而杀者。”

他以士自诩，却是典型的“策士”心态，为个人的功名利禄，朝秦暮楚，凭借机谋智慧、口才文章，四处游走。胡兰成流亡日本之后，经岁寂寞，晚年曾回台湾重弹旧调，在台湾中华文化学院教书。不久，他的汉奸身份暴露，被台湾一帮文化人驱逐回日，几年后命丧异国。他亦曾给蒋经国上书，煌煌两万长文，大谈“士的文化”等。

“自尚书周礼以来一直以士为政，此亦是中国独有之传统，为他国所无，所以，总理定出训政时期，以党治国，中国说‘政教’，不像西洋说‘政权’，政治的本质即是教育性的，所以中国文化人对于政治那样的抱有兴趣，而且对于时局有着那样大的影响力，凡此皆为他国的文化人多不能了解。中国的文化人是士，此又是中国独有的文明传统。”

余英时曾在《士与中国文化》里说，中国的“士”接近于西方近代的“知识分子”，士的特性便是“通古今，决然否”。胡兰成却不记得，“士”这种中国独有的文明传统里，“士志于道”，是要明道救世、维护基本价值的。孔子的弟子曾参发挥说：“士不可以不弘毅，任重而道远。仁以为己任，不亦重乎？死后后已，不亦远乎？”在天下无道的时代，作为一个“士”，需有“澄清天下之志”，胡兰成则根本上自己就是一个乱世。

口述历史下的老舍之死

傅光明

又临近了8月24日——老舍的忌日。这个对普通人来说可能异常普通的日子，对我却早具有了一种浓郁的历史的“罗生门”意味。它时而明晰，时而模糊。有时，我觉得离它越来越近，但瞬间又仿佛觉得它渐行渐远了。我多么希望能成为一个幸运者，可以捕捉到历史的影子。

历史是我正努力从中醒来的一场噩梦

我是1993年开始从追踪采访调查老舍之死切入，来研究老舍的。刚开始，想法极其简单，就是想找到跟1966年8月23日老舍先生生前所在单位——北京文联遭受红卫兵批斗相关的亲历者、见证人，通过对他们的采访，记录他们的历史文本叙事，我觉得这样可能会反映出历史的真相。于是，从 1993 年开始，历经 11 年，不断地寻找见证者、当事人，随着一次又一次的采访，我的困惑一次又一次增加，随着年龄和阅历的不断增长，我对于历史的迷惑又稍稍地变得清晰起来。我经历了一段可以说是对历史的迷途时期，它把我领到混乱之中。我被历史弄迷惑了，不知道是怎么回事，不知道该相信谁。可以说，我对老舍之死的研究，使我的历史观发生了根本性的改变。

老舍之死是一个文人非正常死亡的文化事件，也可以说是一个政治事件，但是要将它还原，需要借助于口述史的叙述。而口述史的叙述来自不同之口，口口非常复杂。我们现在讲到那个“古”字，“古”字怎么写？十口相加为古，就是口太多，口口相传，把别人的口述逐一记下来，这就是产生文字最初时候的历史。

历史是什么，可以任人随意打扮吗？你抹一把，我抹一把，历史就五光十色了？可哪个才是真正的历史，从哪个涂彩之中才能追本溯源，贴近那个历史的史实真相呢？不知道。也许正因如此，20 世纪爱尔兰伟大作家乔伊斯在他享有天书之誉的《尤利西斯》一书中，借主人公之口说出了他对于历史的见解。我十分心仪这句话，他说：“历史是我正努力从中醒来的一场噩梦。”我一直在做这样一个梦，到今天为止也还没有醒来。不知道大家听完这场讲座，是沦入了梦中，还是能使你从梦中变得清醒一些。人人各异，看待事物、看待问题的角度都不一样，因而对于人与事的理解也不一样。

美国密苏里大学“口头传统研究中心”的开创者约翰·迈尔斯·弗里教授写了一本书，叫《口头诗学：帕里—洛德理论》，这本书是引导我从老舍之死的采访追踪向探寻口述史理论进行深入研究的一个切入点。看这本书，我首先直观地感受到口头诗学与口头史学具有相似的可比性，在某种程度上两者还是兼而有之的。弗里先生在书里举了很多的例子来说明许多民族最早的文学创作样式，几乎都是像《荷马史诗》那样的英雄史诗或神话传说。而且，大多是现代民间口头承传经过长期的累积而形成确定的文本创作。

1925年，美国年轻的古希腊文学专家米尔曼·帕里开始对《荷马史诗》产生浓厚的兴趣，认为这两部被后人称为伟大史诗的总数约达两万八千诗行的叙述作品《伊利亚特》和《奥德赛》，远非荷马一人所能创作，而肯定是希腊人集体的遗产。

事实上，在荷马时代稍后不久的岁月里，关于谁是荷马，他是什么时候创作出那些我们惯常归功于他的诗作的，就已经成为悬而未决的公案，变得扑朔迷离。由于没有留下关于《荷马史诗》创作者的确切记载，后世的学者们只能根据零星的线索来作各式各样的主观推断。这主要形成了分辩派与统一派的争端，即“荷马多人说”和“荷马一人说”两个截然对立的学术派别。有人主张，《荷马史诗》是很多人写的，是历代累积的，不断地累积，不断地传说，然后到了荷马这儿，他是一个修订者、写定者。还有的人认为，《荷马史诗》就是由荷马一个人独立完成的。双方各执一词，没有更实证的考证来证明，学术探索步履维艰。

正是在这样一种情形下，帕里同许多伟大的思想家或思想者一样，开始作口述史的田野调查采访。开始是自己，后来跟他的学生一起深入口述史流传风气很浓的前南斯拉夫地区进行实地考察和田野作业，发现《荷马史诗》中有相当多的高度程式化的“特定形容词”，这些高度程式化的“特定形容词”决定了《荷马史诗》既是程式的，又是传统的。同时，他发现这种传统的史诗唱法只能是口头的。为了印证这个，他就深入进行田野作业。经过16个月扎实而纵深的田野作业，搜集和记录了总共约达1500种的史诗文本。在掌握了如此丰富的口头史料之后，他宣称：“我相信我将要带回美国去的手稿和口头磁盘的集成，对于研究口头叙事诗歌的生命力和功能而言，在世界上是独一无二的。”

我借帕里的话说，从1993年开始我追踪采访调查老舍之死这11年间所作的口述笔录及录下的几十盘录音带，就其史料价值来说，同样是独一无二的。

我们都是历史“歌手”，时常将它唱成“荷马史诗”

帕里去世以后，他的学生洛德接过他的学术薪火，他后来在1960年专门出版了一本书，叫《故事的歌手》。这里出现了一个“歌手”

的概念，我们记住这个“歌手”，后面我会多次提到。洛德在这本书的开篇引言中就强调：“这是一部关于荷马的书。荷马是我们的故事的歌手。而且在一个更大的意义上，荷马也代表了从洪荒难稽的古代直至今天所有的故事的歌手。我们的这部著作也是关于荷马以外的其他歌手的书。他们中的每一位，即使是最平庸的一位歌手，也和其中最具天才的代表荷马一样，都属于口头史诗演唱传统的一部分。现代歌手无人可以与荷马并驾齐驱。”

同时，他对于另两位学者就《伊利亚特》之中关于希腊人和特洛伊人的分类描述所进行的阐述，提出了质疑。他说：“任何一个主题，甚至包括一种分类，都会在时间的推移中显示出其间的变异。故此，不能企望它保存着‘历史的真实’。……在史诗中呈现了事件，但是，相应的年代编排是混乱无序的。时间被缩微到了一支望远镜中。岁月流逝，各个不同时期全都被排列组合到了眼下的表演之中……口头史诗呈现的只是关于过去的一幅拼图。”

由这儿，我就想到我所调查的老舍之死，以及以前我们印象当中的老舍之死从何而来。它是不是有很多人的记忆拼凑起来的关于过去的一幅“拼图”？或者说，老舍之死是不是只是在人们的记忆当中重新塑造和建构起来的？人们口述的关于老舍之死的那些叙述，跟老舍之死真实的历史真相是不是相吻合呢？换言之，今天我们所了解到的老舍之死，是否也是按照高度程式化的形式，用了许多“特定形容词”

编纂而成的另外一种形式的“荷马史诗”？里面到底有多少是历史的真实？然而这带给我们的困惑是什么呢？并非它的作者是谁，因为所有向我口述的人，也就是我所采访的这些人，都是有真名实姓的，谁谁谁，什么单位，多大年纪，1966 年的时候担任什么职务，等等，全是具体而翔实的，同荷马不一样。困惑来自史诗本身，而并非作者，因为“歌手”都是有名的。而洛德讲到“歌手”作用的时候，说了一句意味深长的话，他说：“对歌手来说，歌就是故事本身，歌是不能改变的（因为在歌手看来，改变它就意味着讲述了一个不真实的故事，或歪曲了历史）。在歌手的观念中，他专注的稳定性并不包括词语，对他来说，词语从来没有固定过，而且故事的那些非实质性部分也从来没有固定过。他把自己的表演和我们所认为的歌，建构在稳定的叙事框架上，这就是歌手感觉到的歌。”显然，“歌手”感觉到的歌是真实的，他便拿它当成真实，再一代一代地往下传，而一代一代听了“歌手”叙述的歌的“歌手”，又将他所接收到的叙述一代一代往下传，到了我们所能够接收的“歌手”向我们描述历史情形的时候，离那个最初的“歌手”就已经相去甚远了。而最初的“歌手”所传唱的故事，也可能早就已经不是历史原来的本真了。

历史是一只精致的瓷瓶，发生的瞬间就被打碎了

对于老舍，我们把他在 1966 年 8 月 23 日被红卫兵批斗时所发生

的事情，简称“八·二三事件”。当几十位叙述人把历史的记忆凝固在那一天讲述的时候，如果你只面对一个叙述者，你相信他说的是历史真实，便记录下来。然后，与其他一个或两个或三个再去做对比，你会发现，怎么差得那么远，那么多人在某一个历史的细节上，说法怎么会截然不同？

比如，1966 年 8 月 23 日，老舍先生为什么那天要去北京市文联参加“文化大革命”？对此众说纷纭。这还算简单的。那天上午，老舍先生是几点到的？说法不一样。老舍先生是由他的司机用专车接他去的，还是他自己坐的公共汽车？说法不一样。老舍先生是穿着白衬衣、蓝衬衣，还是穿了外套？说法不一样。中午，老舍先生没有回家，是因为司机罢工不拉他了，还是因为什么原因？对此也是各说各话。下午，发生红卫兵冲击文联，把许多文化人揪斗，后来押到孔庙去“焚书坑儒”，文联内部到底是谁打电话叫来的红卫兵？直到今天，这个谜都没有解开。

试想，经历过那一事件的人，在事情过去了三十年以后，当他想到自己可能要为那个事件承担某种个人历史责任的时候，他敢承认是自己打电话叫来的红卫兵吗？所以，这也就带出了口述历史的一个明显特征，即随着时过境迁，历史的当事人可能调整了心态。可能因为当初自己所处那个历史事件当中的角色和立场的不同，到今天重新建构记忆的时候，便很自然地将它重新编排了。换言之，如果说“八二三事件”是一个瓷瓶，在它发生的瞬间就已经被打碎了，碎片散了一地，我们今天只是在捡拾过去遗留下来的一些碎片而已，并尽可能地将这些碎片还原拼接。然而可能再还原成那一个精致的瓷瓶吗？绝对不可能！西方有史学家强调，在历史发生的瞬间，已发生的历史就已经不复存在了；而且，历史永远不可能和它见证者的口吻相一致。

如果是这样的话，已经过去的历史对于我们还有什么意义和价值呢？我们所做的，就是努力把它拼接起来，尽可能地逼近那个历史真相，还原出它的历史意义和历史价值，这是历史所带给我们应有的启迪或启发。如果历史陷入了虚无，我们也没必要读历史，因为没有真实可言，历史就是故事，历史就是小说，历史就是任人打扮的小姑娘了。

老舍先生的遗体在太平湖被发现后，是如何打捞的？有三位“歌手”所唱的三个版本，该如何甄别？这对于研究老舍及整个事件都不是十分重要的，重要的是，关于老舍在 1966 年 8 月 23 日如何被红卫兵揪出来的，如何被送到孔庙去批斗挨打的，又如何被送回文联的，如何在那天晚上被扭送到派出所……一天中所发生的很多事情的细节，诸多的口述者所说，很难在某一个点上完全统一，支离破碎，都是散在地上的一个个碎片，几乎无法把它拼接起来。如果能找到哪个事情和哪个事情能够相连，或许还容易把它做成一个复原品，但是现在，这片和那片根本就找不着，根本就不相连。因此，这也就造成了制造神话的空间，这是历史被塑造成神话的很重要的一个可能性。

关于“老舍之死”，从认识上主要是三种说法——“抗争说”、“绝望说”、“脆弱说”，由此大体上划分为三类学者。

持“抗争说”者，把“老舍之死”理解成是用死来表明自己的清白，抗议“文革”，是要舍生取义，与屈原同例。

持“绝望说”者认为，老舍先生一直在挣扎。新中国成立以后，老舍先生曾经度过一段相对平稳的生活，精神状态也很好。但随着20世纪50年代初批判知识分子的运动一个接一个地到来，老舍先生感到内心困惑、挣扎、煎熬。虽然在“文革”以前，很多政治运动都没有牵扯到他，但他已经看到自己的很多朋友被牵连进去，被批判，被批斗，直到“文革”，灾难找上门来，躲不开了。他绝望，用今天的时髦词，叫“失去了精神家园”，于是到另一个世界去了。

持“脆弱说”者认为，老舍先生是因为内心脆弱、经受不起打击才投湖的。他们多是经历过新中国成立以来一次或两次甚至三次的“老运动员”，经历过一些磨难，所以到“文革”时，他们觉得“文革”的灾难对于自己来说不过是旧伤口上又添了一个新伤而已，可能比以前疼得更厉害点，却可以忍受。他们觉得，老舍先生从新中国成立以来，一直是在政治上坐顺风船，一帆风顺，从来没有经受过任何的磕磕绊绊。而当“文革”的风雨来了以后，一下受不了了，他脆弱的心灵、脆弱的精神根本承受不住这命运的一击，所以倒下了。

老舍之死就是一场历史的“罗生门”

原来，我在某一段时间里也有点倾向于这说或那说，觉得似乎都有道理。但后来，我慢慢地发现，“老舍之死”是一件非常复杂的事。就像我们很难相信那三个打捞尸体的人哪一个说的是真的一样，我们也不能轻易地把“老舍之死”的结论下在某一说上。因为“老舍之死”是复杂的，是由复杂的因素导致的，他自身性格的因素、文本中文学形象的因素、政治因素等都有。巴金先生在1984年为话剧《老舍之死》剧作写的一篇序中，说过一段我觉得可以作为我们更深一层理解“老舍之死”的很有启迪的话。他说：“关于老舍同志的死，我的看法是他用自杀抗争，不过这抗争指消极抵抗，并不是勇敢的行为，这里没有勇敢的问题，但是当时确是值得尊敬的行为，也可以说这是受过士可杀不可辱的教育的知识分子‘有骨气’的表现。……老舍同志可能有幻灭，有痛苦，有疑惑……但他最后的心情是悲壮的。没有结论，那个时候也不会作出什么结论。”从中可见，巴金先生的意思是，不能简简单单地把自杀归为勇敢的行为，他特别强调这里没有“勇敢”的问题。他说老舍在抗争的同时，有幻灭，有痛苦，有疑惑，等等，即有很多种因素导致了老舍先生的自杀。

我觉得，如果要做一种对比的话，简单地把它和屈原式挂钩，是有点太过直接了，我倒愿意把“老舍之死”跟王国维之死做个比较。

如果从文化类型上来说，二者可能更有可比性。

第一点，二者在自杀方式上可以说都与屈原同例。为什么？投的都是水。王国维于1927年6月2日自沉于颐和园昆明湖鱼藻轩，终年50岁；老舍于1966年8月24日在太平湖投水，享年67岁。两者相隔39年。

第二点，两人死得都很平静，是一种理智性的自杀，而非病态的表现。他们死前都很平静，看不出有任何的异动，没有情绪低落、抑郁或流露出一反常态的神情，这些都没有。而且，王国维还留了一封遗书，就是那句："五十之年，只欠一死，经此世变，义无再辱。"后面还有几句话，但这几句话是很关键的，人们始终在探讨。什么叫"五十之年，只欠一死"？活了50岁，就欠一死？"经此世变，义无再辱"，"世变"的世，是世界的世，不是事情的事。那么这个"世变"是什么？"义无再辱"，这里用的是"再"，那么前面那个"辱"是什么？由此引发的种种困惑，给研究王国维留下了巨大的空间。

老舍先生自杀前，没有留下任何只言片语，虽然后来有很多"歌手"在传唱的时候，说在太平湖上漂了很多碎纸片，纸片上写满了字，人们打捞上那些字，发现是毛主席的诗词《咏梅》："风雨送春归，飞雪迎春到。已是悬崖百丈冰，犹有花枝俏。俏也不争春，只把春来报。待到山花烂漫时，她在丛中笑。"但是，据更多的目击者说，那天湖上干干净净，什么也没有。你看，不同的"歌手"所演唱的故事内容不一样。我们该相信哪一个呢？

第三点，对于王国维为什么自杀，看法“一直众说纷纭，甚至聚讼不已”。较经典的四个版本是“殉清说”、“悲观哀时说”、“罗振玉逼债说”，还有“殉文化说”。像刚才说老舍之死有三说一样，关于王国维主要有这四说。

第四点，王国维死后，对他的死因有各不相同的说法，对老舍之死同样也是不同的人有不同的立场和态度，并由此作出不同的猜测和推论，两者的共同点是“罗生门”的模式。大家看过芥川龙之介的小说《竹林中》或是黑泽明由此改编成的著名电影《罗生门》吗？它是讲一个男人身负刀伤死在竹林中，为了查明这一案件，讯问了好几个有关人物，每个人都有各不相同的供诉，而每一种供诉则又都不完全可信。那是因为每一个相关人物都莫不想为自己的卑鄙作掩饰，为自己的虚荣作辩护。从这个细节来看王国维之死和“老舍之死”，是不是都有这种“罗生门”的意味？

第五，从王国维留下的遗书来看，“经此世变，义无再辱”，这个“世变”和“再辱”是不是可以用在老舍先生身上？关于“世变”，“文革”对于老舍来说是不是“世变”？如果对老舍先生来说，“文革”是“再辱”，那么在这个“辱”之前有没有“前辱”，“前辱”又是什么？因为在此之前确实发生过一系列的政治运动，老舍先生虽然没有受到牵连，但他可能是一个清醒的旁观者，他至少看到自己有很多朋友卷进去了，他至少可能也会思考一下，为什么会有这样的运动，或许他给自己划了一个底线，假如说自己碰上这样的运动，要以死抗争，来证明自己的清白。有没有这样的可能性？

第六，王国维在民国以后留辫子，这和老舍在新中国成立以后依然穿洋装，是不是都暗示着要坚守自己原有的理念？我们知道，民国成立以后王国维留起了小辫子，梳着小辫子的国学大师也成为清华园的一道独特风景。而老舍在新中国成立以后，几乎是作家当中唯一一个穿西装的，戴礼帽，拄拐棍，洋派十足。两者在这一点上有共同的象征意味吗？这都是留给我们思考的。

另外，关于老舍先生选择投水自杀的方式，和他作品当中描述的一些人物最后是以投水作为自己生命的结局，有内在联系吗？还有，老舍先生在自杀之前，走出自己的院落，跟自己的小孙女说了一句话："来，跟爷爷说再见。"这跟哪个剧本一样？——《茶馆》。《茶馆》的最后一幕，王掌柜决定要自杀了，他让家人先走。家人往外走的时候，他把小孙女叫住，说："叫爷爷再看一眼。"儿媳妇又让小孙女"跟爷爷说再见"。这跟老舍先生临死之前是一样的。老舍先生在 1957 年年初写《茶馆》时设定的这个情节，是为自己在九年之后的自杀前从家里出走做谶语吗？再看《茶馆》的最后一幕，那三个老人，围着桌子向空中撒纸钱，这个情节印象都很深，对吧？由这个情节，是不是就生出了有些"歌手"关于太平湖面上漂浮着纸片的传唱？如果我们相信有的话，这个纸片就和《茶馆》的最后一幕，便是艺术的真实跟历史的真实完美地契合在一起了。假如是真的，这可是太绝妙的悲剧了！——老舍在《茶馆》当中，营造了一个艺术的悲剧，他自己真实的生命终局，又用死书写了一个史实的悲剧。

关于老舍之死，是一个很大的话题，涉及方方面面，两个小时怎么可能说尽！关于老舍为什么会死，为什么要投太平湖，都是可以独立成章的题目。总之，有一点，我想用法国作家加缪的话作为今天演讲的结语。加缪说："自杀的行动是在内心中默默酝酿着的，犹如酝酿一部伟大的作品。"不管对于老舍，还是对于王国维，自杀都是他们在深思熟虑中默默酝酿的伟大作品。同时，他们也把这个作品的思想意义留给了"无言"的历史，留给了"有声"的后人。历史是"无言"的，我们是"有声"的，但是"无言"的历史无法呈现历史的答案，"有声"的我们就能给历史做定论吗？

最后，我还是带着疑问。所以，我不知道此时此刻，大家对于历史是有了些清晰的了解呢，还是开始陷入了一场噩梦当中。

（2012 年 8 月 21 日）

后　记
网易名博丛书之“前世今生”

网易名博丛书即将在东方出版社出版，与广大读者见面，实在是一件令人高兴的事情。本书的前言短小精悍，立意高远，对于此丛书出版之意义已经做了完美介绍，无需我在此再作铺陈。作为丛书的主编之一，我在此简单介绍一下网易名博丛书的“前世今生”。

季我努学社与东方出版社、网易博客频道都有密切合作关系。东方出版社的总编辑许剑秋、副总编辑黎松是季我努学社的顾问，网易博客频道姚文广主管是学社的理事，也是我的好友。季我努学社在网易博客开始的博客——季我努，也是博客频道的著名文化博客之一，短短两年间，博客的点击量超过520万人次。

这套丛书的最初创意来源于黎松副总编。2013年12月，有一次我到东方社拜访，黎松副总编跟我说，著名媒体的文章结集均有良好的社会和市场反响，他希望我联络一下季我努学社会员所在的强势媒体，打造一批优秀的出版物。

我立刻想到了网易博客频道，在博客这样的一种媒体类型中，网易博客处于遥遥领先的位置，名家云集，影响巨大。季我努学社的博客也开设在网易，作为网易博客的名博主之一，我很熟悉网易博客的精彩内容。我有段时间，简直成为了网易博客控，一天要上“季我努”博客上看几次，看着点击量不断增长，心里感到无比高兴。我深为赞同黎总的想法，觉得此事具有极强的操作性。

我将此事立即与文广商议，一拍即合，文广提出的思路是确定主题，然后遴选名家的博文，每位博主一篇博文，汇集成册，结集出版。这样便于汇集全频道之精华，也降低了出版难度。纵观网易博客频道的各个子频道，以“文化·历史”子频道名家阵容最为整齐，很多博主都是在中国近现代史上具有极高造诣的名家，于是我们选定以中国近现代史作为网易名博丛书的开篇。黎总获悉我与文广的编辑思路后，立即在时政编辑室指定了经验丰富的李烨老师作为丛书的责编。

由于篇幅的限制，李烨老师拿掉了一些优秀的博文（这批博文也有相当之数量）。虽然未能收入首批名博丛书，但它们将在后续的丛书中与读者见面。

网易博客频道和东方出版社都具有崇高社会责任感，对于梳理、传播中国近现代史的史实一直非常重视。季我努学社的职志是整理出版传播中国近代史料，在这方面，我们将进行密切的合作，争取向广大读者奉献更多的关于中国近现代史的优秀作品。

还历史以真实，还生命以过程，这是网易博客频道、东方出版社、季我努学社整理出版传播中国近现代史料的共同宗旨。真诚地希望这套中国近现代史名家作品荟萃的网易名博丛书能够有助于读者聆听中国近现代历史前进的脚步声，有助于读者把握近代和现代中国令人心怀激荡的坚强脉动。

季我努学社社长　康狄

2014 年 9 月 17 日于北京水碓子

图书在版编目（CIP）数据

在鲁迅的那个时代／网易博客 编．—北京：东方出版社，2014.9
ISBN 978-7-5060-7762-0

Ⅰ.①在…　Ⅱ.①网…　Ⅲ.①人物—生平事迹—中国—民国　Ⅳ.①K820.6

中国版本图书馆 CIP 数据核字（2014）第 217670 号

在鲁迅的那个时代
（ZAI LUXUN DE NAGE SHIDAI）

编　　者：网易博客
责任编辑：付云阳　李　烨
出　　版：东方出版社
发　　行：人民东方出版传媒有限公司
地　　址：北京市东城区朝阳门内大街 166 号
邮政编码：100706
印　　刷：北京京都六环印刷厂
版　　次：2015 年 2 月第 1 版
印　　次：2015 年 2 月第 1 次印刷
印　　数：1—6000 册
开　　本：710 毫米×1000 毫米　1/16
印　　张：13.5
字　　数：172 千字
书　　号：ISBN 978-7-5060-7762-0
定　　价：39.00 元
发行电话：（010）64258117　64258115　64258112